토마토 토익

보카600

토마토 토익
보카600

지은이	NE능률 영어교육연구소
선임 연구원	한윤희
연구원	이경화 정혜란 이은비
영문 교열	Julie A. Tofflemire, Nathaniel Galletta, August Niederhaus
감수	YBM어학원 강남센터 김익겸 강사
디자인	강주현 송현아 오솔길
일러스트	가오(GAO)
맥편집	김선희
영업	한기영 주성탁 박인규 최낙선 장순용
마케팅	정영소 김송이 남경진 김혜림

서문

대부분의 토익 입문자들이 제일 먼저 시작하는 공부가 토익 어휘 암기입니다. 그만큼 토익 어휘가 토익의 기본이라고 할 수 있습니다. 그런데 지금 시중에 나와있는 어휘서들은 표제어와 분량이 대부분 중고급 수준에 맞추어져 있어 토익에 갓 입문한 학습자가 보기에는 어렵고 부담스러운 편입니다. 그래서 토마토 토익은 토익 입문자에게 딱 맞는 콘텐츠와 분량으로 토익 어휘 학습을 돕고자 **토마토 토익 보카 600**을 선보이게 되었습니다. **토마토 토익 보카 600**은 짧은 시간에 보다 효율적으로 어휘를 학습할 수 있도록 다음과 같은 부분에 중점을 두었습니다.

1. 600개 어휘로 토익 600점 달성!
지난 10여 년간 출제된 토익 기출 어휘를 분석하여 토익 출제 빈도가 높으면서 토익 600점 달성에 필수적인 어휘 600개를 수록하였습니다.

2. 짧고 쉽게! 학습 부담 제로!
하루에 30개씩 20일 단기 완성이 가능합니다. 읽기 어려운 발음 기호 대신에 한글식 발음 표기를 수록하여 입으로 따라 읽으며 어휘를 암기할 수 있도록 구성했습니다.

3. 외운 어휘 기억은 오래오래!
어휘를 단시간에 많이 외우는 것보다 더 중요한 것은 그것을 오래 기억하는 것입니다. 어휘가 사용되는 문맥을 쉽게 알려주는 한글 예문과 의미 연상을 재밌게 해주는 삽화 등 다양한 암기장치가 있어 어휘를 효율적으로 암기하고 오래 기억할 수 있습니다.

더 쉽고 빠른 길로 안내하는 **토마토 토익 보카 600**과 함께 토익 기초 어휘 정복이라는 목표를 달성하시기 바랍니다. 아울러 교재 기획에 도움을 주신 권영지님과 토마토 클래스 수강생들, 그리고 교재 감수를 맡아주신 김익겸 강사님께 깊은 감사의 말씀을 드립니다.

책의 구성 및 특징

1. 오늘 어휘 미리보기

오늘 학습할 어휘 중 대표 어휘를 재미있는 삽화와 함께 확인해볼 수 있습니다.

DAY 08
출장·여행/숙박·식당
• 오늘 학습할 어휘를 그림과 함께 살펴볼까요?
available
이용할 수 있는
arrive
도착하다
popular
인기 있는
DAY 08

2. 어휘 학습

❶ 표제어

033 ★★★ —— ❷ 출제율

□ □ □ **attend** [동] 참석하다; 주의를 기울이다

[어텐(드)]

└ ❸ 한글식 발음 표기

❹ 해석부터 보는 예문

attendee [명] 참석자
attendance [명] 참석(률)
attendant [명] 종업원, 안내원

모든 직원은 부서 회의에 **attend**해야 한다.
All employees must **attend** the department meeting.

[기출표현] conference attendees 회의 참석자들
an attendance rate 참석률

❺ 기출표현 또는 출제 포인트

출제 포인트
attend vs. participate
의미상 유사한 어휘 attend와 participate(참여하다)의 어법 차이를 구별하여 알맞은 어휘를 고르는 문제가 출제된다. 타동사인 attend는

❶ 표제어

RC 필수 어휘 600개를 토익 빈출 주제별로 제시하였습니다.

약어설명 [명] 명사 [동] 동사 [형] 형용사 [부] 부사
[전] 전치사 [접] 접속사 [대] 대명사
[유] 유의어 [반] 반의어

❷ 출제율

토익에서 해당 어휘의 출제 빈도를 별표로 표시하였습니다.

★★★ 출제율 최상
★★ 출제율 상
★ 출제율 중

❸ 한글식 발음 표기

쉽게 읽을 수 있도록 한글로 발음을 표기하였습니다. 하지만 한국어와 영어의 소리는 완전히 다르니 꼭 음원으로 발음을 확인하세요.

❹ 해석부터 보는 예문

한글 예문 해석을 통해 어휘가 사용되는 맥락을 쉽게 이해하여 어휘를 오래 기억할 수 있습니다.

❺ 기출표현 또는 출제 포인트

토익에서 해당 어휘가 어떤 형태와 포인트로 출제되는지 확인할 수 있습니다.

3. 핵심만 콕! 찍어 듣는 LC

❶ 표제어
LC 파트별로 빈출되는 주제 및 문제 유형별 어휘를 대표 예문과 함께 수록하였습니다.

❷ QR코드로 무료 MP3 듣기
LC 어휘는 들어서 이해할 수 있어야 하므로 꼭 들어봐야 합니다. QR코드로 쉽고 빠르게 어휘와 예문을 들어볼 수 있습니다.

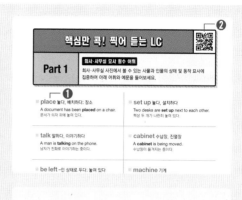

4. Check Up!
간단한 문제를 통해 오늘 학습한 어휘를 제대로 암기했는지 확인해 보세요.

5. 어제 어휘 확인하기
어제 학습한 어휘를 확실히 암기하고 있는지 확인할 수 있습니다. 박스에 체크하면서 암기 여부를 확인하고 의미가 떠오르지 않으면 해당 어휘를 다시 한번 암기하도록 하세요.

6. Review Test
5일 차마다 그동안 학습한 어휘를 활용한 실전 문제를 제공합니다. 암기 확인뿐 아니라 실전 대비도 할 수 있습니다.

Review Test 1   DAY 01-05

01 Ms. Holt was ------- recommended
   for the job because of her
   negotiation skills.

   (A) carefully
   (B) highly
   (C) briefly
   (D) early

04 New clients should return the
   signed contract as ------- as
   possible.

   (A) quickness
   (B) quick
   (C) quickly
   (D) quicker

부가학습 자료

토마토 토익 부가학습 사이트(www.tomatoclass.com)에서 학습 자료를 무료로 다운로드할 수 있습니다.

무료 MP3

미국식 발음과 영국식 발음으로 녹음한 어휘 MP3를 무료로 다운로드할 수 있습니다.
▶ 학습용 MP3
미국식 어휘 → 영국식 어휘 → 우리말 의미 → 미국식 예문 → 영국식 예문
▶ 암기용 MP3
미국식 어휘 → 영국식 어휘 → 우리말 의미
▶ LC 어휘 MP3
미국식 어휘 → 영국식 어휘 → 우리말 의미 → 미국식 예문 → 영국식 예문

온라인/모바일 어휘테스트

영단어 보고 뜻 찾기 유형과 뜻 보고 영단어 찾기 유형의 어휘테스트를 온라인과 모바일로 제공합니다. www.tomatoclass.com과 www.nebooks.co.kr에서 편리하게 실력을 확인해보세요.

어휘출제마법사

출제 범위를 선택하여 암기 확인용 어휘 시험지를 손쉽게 만들 수 있습니다. 그룹 스터디나 수업에서 간편하게 활용 가능합니다.

목차

반복 학습으로 마스터하는 토마토 토익 보카 600

외워야 할 어휘는 많고, 어휘를 외워도 자꾸 잊혀집니다. 반복 학습으로 한 번 외운 어휘를 장기 기억 속으로 쏙 집어넣어 주세요. 시험에서 그 어휘를 만나면 의미가 자연스레 떠오를 거예요. 600개 어휘로 토익 600점 달성! 어렵지 않습니다!

1회독

01일	02일	03일	04일	05일
DAY 01	DAY 02	DAY 03	DAY 04	DAY 05 Review Test 1

06일	07일	08일	09일	10일
DAY 06	DAY 07	DAY 08	DAY 09	DAY 10 Review Test 2

11일	12일	13일	14일	15일
DAY 11	DAY 12	DAY 13	DAY 14	DAY 15 Review Test 3

16일	17일	18일	19일	20일
DAY 16	DAY 17	DAY 18	DAY 19	DAY 20 Review Test 4

2회독

01일	02일	03일	04일	05일
DAY 01~02	DAY 03~04	DAY 05~06	DAY 07~08	DAY 09~10

06일	07일	08일	09일	10일
DAY 11~12	DAY 13~14	DAY 15~16	DAY 17~18	DAY 19~20

DAY 01

취업·채용

● 오늘 학습할 어휘를 그림과 함께 살펴볼까요?

position
(일)자리, 직위

hire
고용하다

seek
찾다

opening
빈자리

qualified
자격이 있는

post
게시하다

previous
이전의

reference
추천(서)

requirement
필요 (조건)

relevant
관련 있는

lack
부족(하다)

certificate
자격증

단어와 의미를 먼저 암기하세요.

001 ★★★

□□□ **employee** [임플로이-]

[명] 직원, 고용인

employ [동] 고용하다
employer [명] 고용주
employment [명] 고용, 취업

우리는 재무 부서에 **employee**가 한 명 더 필요합니다.
We need another **employee** for the finance department.

[기출표현] be currently employed 현재 고용되어 있다
an employment contract 고용 계약서

002 ★★★

□□□ **position** [퍼지션]

[명] (일)자리, 직위; 위치
[동] (특정 위치에) 두다

누구든지 이메일로 그 **position**에 지원할 수 있습니다.
Anyone can apply for the **position** by e-mail.

[기출표현] an open position 공석
be positioned side by side 나란히 위치하다

003 ★★★

□□□ **experience** [익스피-뤼언(스)]

[명] 경험, 경력
[동] 겪다, 경험하다

experienced
[형] 경험이 많은, 능숙한

그 회사는 이 직무에 2년의 **experience**를 요구한다.
The company requires two years of **experience** for this job.

[기출표현] have extensive experience 폭넓은 경험을 가지고 있다
experience financial difficulties 재정난을 겪다
an experienced staff member 숙련된 직원

004 ★★

□□□ **hire** [하이어ㄹ]

[동] 고용하다
[명] 신입 사원

hiring [명] 고용

회사에서 그 연구를 하기 위해 시간제 직원들을 **hire**했다.
The company **hired** part-time workers to do the research.

[기출표현] hire workers[staff] 직원을 고용하다
the hiring process 채용 과정

005 ★★★
☐
☐ **meet**
☐ [미-(트)]

meeting 몡 회의

동 (필요·요구 등을) 충족시키다; 만나다;
(기한 등을) 지키다

이 씨는 채용 관리자의 기대를 **meet**하고 싶어 한다.
Mr. Lee wants to **meet** the expectations of the hiring manager.

기출표현 meet (with) clients 고객들을 만나다
meet a deadline 마감 기한을 지키다

006 ★★★
☐ **candidate**
☐ [캔디데잇]
☐ [캔디덧]

011
유 applicant 지원자

몡 지원자, 후보자

제너 씨는 그 편집자 자리에 가장 잘 맞는 **candidate**이다.
Ms. Jenner is the best **candidate** for the editor position.

기출표현 the candidate for a position 일자리에의 지원자
a final[successful, suitable] candidate
최종[합격한, 적합한] 후보자

007 ★★★
☐ **seek**
☐ [씨-(크)]

seeker 몡 ~을 (추)구하는 사람

동 찾다, 구하다

오메가 디포 사는 새 지점장을 **seek**하는 중이다.
Omega Depot is **seeking** a new branch manager.

기출표현 seek new employees 새 직원들을 찾다
a job seeker 구직자

008 ★★★
☐ **highly**
☐ [하일리]

high 혭 높은
    부 높이, 높게

유 very 매우

부 매우, 대단히; 고도로

YK 주식회사는 젊은 구직자들에게 **highly**하게 추천된다.
YK Inc. is **highly** recommended for young job seekers.

출제 포인트
highly vs. high
형태상 혼동하기 쉬운 두 단어의 의미를 구별하는 문제로 출제된다.
highly는 형용사 high(높은)의 부사 형태가 아니라 '매우, 대단히'라는
의미로, 정도를 강조하는 부사임을 기억하자.
(**highly**/~~high~~) skilled workers 매우 숙련된 직원들

009 ★★
□
□ **résumé**
□ [뤠저메이]

(명) 이력서

귀하의 **résumé**를 우편이나 이메일로 보내주세요.
Please send your **résumé** by mail or e-mail.

기출표현 submit[review] a résumé 이력서를 제출[검토]하다
a résumé and cover letter 이력서와 자기소개서

010 ★★★
□
□ **opening**
□ [오우프닝]

open (동) 열다
(형) 열려 있는, 공석인

(명) 빈자리, 공석; 개시, 개업
(형) 첫[시작] 부분의

우리 영업직에 몇몇 직무 **opening**이 있어요.
We have several job **openings** for sales positions.

기출표현 a job opening (직장의) 공석
the opening of the stock market 주식 시장의 개장
an opening ceremony[remark] 개회식[개회사]

011 ★★
□
□ **applicant**
□ [애플리컨(트)]

248 apply (동) 지원하다
application (명) 지원(서)
006
(유) candidate 지원자

(명) 지원자

applicant들은 이력서와 자기소개서를 내일 저녁때까지
제출해야 한다.
Applicants should submit their résumé and cover letter by the end
of tomorrow.

출제 포인트
applicant vs. application
사람 명사인 applicant와 추상/사물 명사인 application(지원, 지원
서)을 구별하여 문맥에 적합한 명사를 고르는 문제가 출제된다.
interview an (**applicant**/application) 지원자를 면접하다
submit an (applicant/**application**) 지원서를 제출하다

012 ★★
□
□
□
personnel
[퍼ㄹ스**넬**]

[명] 인원, 직원들; 인사과

[유] human resources 인사과

패스트 트랙 사는 신규 물류 **personnel**을 채용하는 중이다.
Fast Trak is hiring new logistics **personnel**.

013 ★★
□
□
□
qualified
[쿠**월**러빠이(드)]

[형] 자격이 있는, 자질을 갖춘

qualify [동] 자격을 얻다
qualification [명] 자격(증)

진 씨는 **qualified**한 지원자를 선발하려고 이력서를 꼼꼼히 검토했다.
Mr. Jin reviewed the résumés carefully to select **qualified** candidates.

출제 포인트
qualified는 명사를 수식하거나 보어로 쓰이는 형용사 자리 문제로 출제된다. 명사 candidate(지원자), 전치사 for와 함께 자주 쓰인다는 점을 기억하자.
a **qualified** candidate 자질을 갖춘 지원자
be **qualified** for ~에 적격이다

014 ★★
□
□
□
opportunity
[어퍼ㄹ**튜**너티]

[명] 기회

[유] chance 기회

직원들에게는 재택근무를 할 수 있는 **opportunity**가 있다.
Employees have the **opportunity** to work from home.

[기출표현] an opportunity to *do* ~할 기회
an employment opportunity 취업 기회

015 ★★
□
□
□
post
[**포**우스(트)]

[동] 게시하다; 발송하다
[명] 우편(물)

[유] mail [동] (우편으로) 보내다
[명] 우편(물)

소호 여행사는 채용 웹 사이트에 그 일자리를 **post**했다.
Soho Travel **posted** the job on a recruitment Web site.

[기출표현] post an advertisement 광고를 게재하다
send A by post A를 우편으로 보내다

016 ★★
fill
[쀠일]

[동] 채우다

full [형] 가득한

그 회사는 틀림없이 공석인 그 자리를 곧 **fill**할 것이다.
The company must **fill** the open position soon.

[기출표현] fill a vacant position 공석을 채우다
be filled with(= be full of) ~로 가득 차다

017 ★★
previous
[프**뤼**-뷔어스]

[형] 이전의, 바로 앞의

previously [부] 이전에

면접관이 블레이크 씨에게 **previous**한 직업에 관해 물었다.
The interviewer asked Mr. Blake about his **previous** job.

[기출표현] a previous version of ~의 이전 버전
the previous year 지난해
higher than previously anticipated
이전에 예상한 것보다 더 높이

018 ★★★
addition
[어**디**션]

[명] 추가; 증원 인력

add [동] 추가하다
274 additional [형] 추가의

그 신입 직원은 우리 팀에 훌륭한 **addition**입니다.
The new employee is a good **addition** to our team.

[기출표현] in addition 게다가, 또한
in addition to ~에 더하여
with the addition of ~가 추가됨에 따라

019 ★★
reference
[**뤠**뻐뤈(스)]

[명] 추천(서); 언급; 참조

refer [동] 언급[참조]하다
referral [명] 소개

핸슨 씨의 상사가 그녀를 위해 **reference** 서신을 작성했다.
Ms. Hansen's supervisor wrote a letter of **reference** for her.

[기출표현] a letter of reference 추천서
for future reference 나중에 참조할 수 있도록
be referred to as ~로 언급되다[불리다]

020 ★★
□
□ **depend**
□ [디펜(드)]

(동) (~에) 달려 있다[좌우되다]; 의존하다

dependent (형) (~에) 좌우되는
depending on (전) ~에 따라
498
(유) rely 의지[의존]하다

급여는 귀하의 근무 시간에 **depend**합니다.
The payment **depends** on your working hours.

기출표현 depend on ~에 달려 있다
　　　　 be dependent on ~에 의존하다

021 ★★★
□
□ **requirement**
□ [뤼콰이어ㄹ먼(트)]

(명) 필요 (조건), 요건

153 require (동) 필요[요구]하다

디자인 경력은 그 직무에 필요한 **requirement** 중의 하나이다.
Design experience is one **requirement** for the job.

출제 포인트
requirement vs. qualification
의미상 유사한 어휘 requirement와 qualification(자격)의 차이를 구
별하도록 하자. requirement는 '(회사가 요구하는) 자격 요건'을 의미하
는 반면, qualification은 '(후보자가 가진) 자질, 자격(증)'을 의미한다.
meet **requirements** for the position
직무에 요구되는 자격 요건을 충족시키다
have **qualifications** for the promotion
승진에 필요한 자격을 갖추다

---

022 ★★
□
□ **field**
□ [쀠일(드)]

(명) 분야; 현장; 들판, 지역

예이츠 주식회사는 그 **field**의 선도 업체 중 하나이다.
Yates Inc. is one of the leading companies in the **field.**

023 ★★
□
□ **recruit**
□ [뤼크루-(트)]

(동) 모집하다, 뽑다

recruitment (명) 채용

우리는 새로 연 매장에서 일할 직원들을 **recruit**했습니다.
We **recruited** workers for the newly opened store.

기출표현 recruit staff[volunteers] 직원[자원봉사자]을 모집하다
　　　　 recruit internally 내부에서 (사람을) 모집하다

permanent
□ [퍼-ㄹ머넌(트)]

형 영구[영속]적인

permanently 분 영구히
345
반 temporary 일시적인

그 인턴은 **permanent**한 자리에 채용되었다.
The intern was hired for a **permanent** position.

기출표현 a permanent[temporary] position 정규직[임시직]
permanently close the store 영구적으로 폐업하다

relevant
□ [뤨러뷘(트)]

형 관련 있는; 적절한

반 irrelevant 상관없는

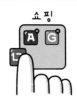

모든 **relevant**한 경력을 이력서에 써주세요.
Please write all **relevant** experience on your résumé.

기출표현 relevant documents 관련 서류
be relevant to ~와 관련이 있다

familiar
□ [풔밀리어ㄹ]

형 잘 아는, 익숙한

familiarize 동 익숙하게 하다

지원자들은 디자인 소프트웨어를 **familiar**해야 합니다.
Candidates should be **familiar** with design software.

기출표현 be familiar with ~에 익숙하다
familiarize *oneself* with ~을 스스로 익히다

specialize
□ [스뻬셜라이즈]

동 전문적으로 다루다, 전공하다

specialization 명 전문 (분야)
specialized 형 전문화된

팬스태드 사는 고객 서비스 담당 직원을 모집하는 일을
specialize한다.
Panstad Co. **specializes** in recruiting customer service personnel.

기출표현 specialize in ~을 전문으로 하다
a highly specialized market 고도로 전문화된 시장

028 ★
□
□ **lack**
□ [래(크)]

ⓜ 부족, 결핍
ⓥ 없다, 부족하다

298
ⓨ shortage 부족

작업자의 **lack**으로 인해 우리는 추가 직원을 채용해야 합니다.
Because of the **lack** of workers, we should hire additional
employees.

> 기출표현 lack of parking space 주차 공간의 부족
> He lacks experiences. 그는 경험이 부족하다.

029 ★★
□
□ **impressive**
□ [임프뤠씨(브)]

ⓐ 인상적인, 인상[감명] 깊은

impressively ⓐ 인상 깊게
impress ⓥ 깊은 인상을 주다
impression ⓜ 인상, 감명

데이비스 씨는 **impressive**한 경력을 갖고 있다.
Mr. Davis has an **impressive** career history.

출제 포인트
impressive vs. impressed
수식하는 명사와의 관계에 따라 알맞은 어휘를 고르는 문제로 출제된
다. impressive는 깊은 인상을 준 대상(사물·사건 등)을 묘사할 때,
impressed(감명받은)는 깊은 인상을 받은 감정의 주체(사람)를 묘사할
때 쓰인다.
an (**impressive**/~~impressed~~) résumé 인상적인 이력서
I was (~~impressive~~/**impressed**) with the presentation.
나는 그 발표에 감명받았다.

030 ★
□
□ **certificate**
□ [써ㄹ티쀠킷(트)]

ⓜ 자격증, 증명서

certify ⓥ 증명하다
certification ⓜ 증명(서)
certified ⓐ 공인된

모든 회계사는 공식적인 **certificate**를 소지해야 한다.
All accountants must have official **certificates**.

> 기출표현 earn[hold] a certificate 자격증을 따다[소지하다]
> a certification program 인증 프로그램
> a certified technician 공인 기술자

Part 1

회사·사무실 묘사 필수 어휘

회사나 사무실 사진에서 볼 수 있는 사물과 인물의 상태 및 동작 묘사에 집중하여 아래 어휘와 예문을 들어보세요.

---

place 놓다, 배치하다; 장소

A document has been **placed** on a chair.
문서가 의자 위에 놓여 있다.

set up 놓다, 설치하다

Two desks are **set up** next to each other.
책상 두 개가 나란히 놓여 있다.

---

talk 말하다, 이야기하다

A man is **talking** on the phone.
남자가 전화로 이야기하는 중이다.

cabinet 수납장, 진열장

A **cabinet** is being moved.
수납장이 옮겨지는 중이다.

---

be left ~인 상태로 두다; 놓여 있다

Some drawers have **been left** open.
몇몇 서랍이 열려 있다.

machine 기계

A man is fixing a copy **machine**.
남자가 복사기를 고치고 있다.

---

face ~을 향하다[마주 보다]; 얼굴

He is **facing** a bookshelf.
남자가 책장을 향해 있다.

pile 쌓다, 쌓아 올리다; 더미

Some documents are **piled** on a shelf.
문서들이 선반 위에 쌓여 있다.

---

spread 펼치다, 펴다

Some files are **spread** on a desk.
몇몇 파일이 책상 위에 펼쳐져 있다.

ceiling 천장

A light is suspended from the **ceiling**.
전등이 천장에 매달려 있다.

---

hold 잡고[들고, 안고] 있다

He is **holding** a pile of documents.
남자가 서류 더미를 들고 있다.

shake 흔들다

They're **shaking** hands.
사람들이 악수하고 있다.

---

examine 조사[검토]하다

A woman is **examining** a screen.
여자가 화면을 살펴보고 있다.

point 가리키다, 지시하다

The man is **pointing** at something on a paper.
남자가 신문 위의 무언가를 가리키고 있다.

Check Up!

A 다음 영어 단어와 알맞은 뜻을 바르게 연결해보세요.

01 candidate ·   · ⓐ (일)자리, 직위

02 qualified ·   · ⓑ 기회

03 requirement ·   · ⓒ 지원자, 후보자

04 opportunity ·   · ⓓ 자격이 있는

05 position ·   · ⓔ 필요 (조건), 요건

B 문맥에 맞는 어휘를 골라 빈칸을 채우세요.

06 그 인턴은 _____한 자리에 채용되었다.

07 소호 여행사는 채용 웹 사이트에 그 일자리를 _____했다.

08 오메가 디포 사는 새 지점장을 _____하는 중이다.

09 _____들은 이력서와 자기소개서를 내일 저녁때까지 제출해야 한다.

> ⓐ applicant   ⓑ seek   ⓒ permanent   ⓓ post   ⓔ opening

C 빈칸에 들어갈 알맞은 어휘를 고르세요.

10 The number of applicants this year was higher than the ------- year's total.
   ⓐ familiar   ⓑ previous

11 Ms. Hoffman will ------- with an interviewer at the Mumbai office.
   ⓐ meet   ⓑ hire

12 The hiring committee was pleased with Mr. Brock's ------- résumé.
   ⓐ impressive   ⓑ impressed

01 ⓒ 02 ⓓ 03 ⓔ 04 ⓑ 05 ⓐ 06 ⓒ 07 ⓓ 08 ⓑ 09 ⓐ 10 ⓑ 11 ⓐ 12 ⓐ

어제 어휘 확인하기

● 어제 학습한 어휘를 얼마나 기억하고 있는지 확인하세요.

취업·채용

- opening
- fill
- addition
- requirement
- seek
- experience
- applicant
- post
- relevant
- position
- depend
- previous
- meet
- permanent
- candidate

- lack
- field
- certificate
- highly
- qualified
- résumé
- reference
- opportunity
- specialize
- recruit
- hire
- employee
- familiar
- impressive
- personnel

암기한 어휘 개수 _____ / 30

DAY 02

회의

● 오늘 학습할 어휘를 그림과 함께 살펴볼까요?

report
보고(서)

approve
승인하다

lead
이끌다

quickly
빠르게

decision
결정

achieve
달성[성취]하다

postpone
연기하다

suggestion
제안

summary
요약

arrange
마련하다; 정리하다

specific
구체적인

conflict
충돌, 갈등

단어와 의미를 먼저 암기하세요.

031 ★★★
□ **last**
□ 미 [래스(트)]
□ 영 [라-스(트)]

[동] 계속[지속]되다
[형] 지난; 마지막의, 가장 최근의

lasting [형] 오래 지속되는
lastly [부] 마지막으로

주간 직원 회의는 보통 한 시간 정도 **last**된다.
The weekly staff meeting usually **lasts** about an hour.

[기출표현] over the last ten years 지난 10년간
a long-lasting product 오래 가는 제품

032 ★★★
□ **report**
□
□ [뤼포-ㄹ(트)]

[명] 보고(서); 보도
[동] 보고[보도]하다

reporter [명] 기자
reportedly
[부] 전하는 바에 따르면

관리자들은 그 문제에 관한 **report**를 작성하려고 만났다.
The managers met to write a **report** about the problem.

[기출표현] an expense[annual] report 지출[연간] 보고서
report on ~에 대해 보고[보도]하다

033 ★★★
□ **attend**
□
□ [어텐(드)]

[동] 참석하다; 주의를 기울이다

attendee [명] 참석자
attendance [명] 참석(률)
attendant [명] 종업원, 안내원

모든 직원은 부서 회의에 **attend**해야 한다.
All employees must **attend** the department meeting.

[기출표현] conference attendees 회의 참석자들
an attendance rate 참석률

출제 포인트

attend vs. participate

의미상 유사한 어휘 attend와 participate(참가하다)의 어법 차이를 구별하여 알맞은 어휘를 고르는 문제가 출제된다. 타동사인 attend는 전치사 없이 바로 뒤에 목적어를 취하는 반면, 자동사인 participate는 전치사 in과 함께 쓰인다는 점을 기억하자.

(**attend**/~~participate~~) the meeting 회의에 참석하다
(~~attend~~/**participate**) in the conference 학회에 참가하다

034 ★★★

☐
☐ **appointment**
☐ [어포인(트)먼(트)]

명 약속; 임명

141 appoint 동 임명하다

톨런드 씨는 부서장과의 **appointment**를 취소했다.
Ms. Toland canceled her **appointment** with the department head.

기출표현 have an appointment with ~와 약속이 있다
make[arrange] an appointment for ~을 위한 약속을 잡다

035 ★★★

☐
☐ **approve**
☐ [어프루웁]

동 승인하다; 찬성하다

approval 명 승인

대표이사는 프로젝트 자금을 늘리자는 제안을 **approve**했다.
The CEO **approved** the proposal to increase project funding.

기출표현 approve a plan[proposal, request]
계획[제안, 요청]을 승인하다
give[receive, obtain] approval 승인을 해주다[받다, 얻다]

036 ★★

☐
☐ **board**
☐ [보-ㄹ(드)]

명 이사회, 위원회; 판자
동 탑승하다

boarding 명 탑승

board 임원들은 다음 주에 투표를 실시할 것이다.
The **board** members will take a vote next week.

기출표현 the board of directors 이사회
a bulletin board 게시판
board a train 기차에 탑승하다

037 ★★★

☐
☐ **lead**
☐ [리-(드)]

동 이끌다, 지휘하다; 연결되다, 이어지다

leader 명 지도자
leadership 명 지도력; 대표직
leading 형 선도적인

반스 씨가 내년도 예산에 관한 회의를 **lead**할 것이다.
Ms. Barnes will **lead** the meeting about next year's budget.

기출표현 lead to a shopping mall (길 등이) 쇼핑몰까지 연결되다
under *one's* leadership ~의 지도하에
a leading supplier 선도적인 공급업체

038 ★★
□□□ **discuss** [디스커(스)]

[동] 상의[논의]하다

discussion [명] 상의, 논의

디자이너들이 신규 로고 프로젝트에 대해 **discuss**하기 위해 모였다.
The designers got together to **discuss** the new logo project.

[기출표현] discuss a plan 계획을 상의하다
a short discussion 짧은 논의

039 ★★★
□□□ **quickly** [퀴클리]

[부] 빠르게, 빨리

quick [형] 빠른

직원들은 논의 뒤에 **quickly**하게 그 문제를 해결했다.
Staff members solved the problem **quickly** after a discussion.

> **출제 포인트**
> quickly vs. quick
> 수식하는 대상에 따라 알맞은 품사를 고르는 자리 문제로 출제된다.
> (**quickly**/~~quick~~) respond to an e-mail (부사: 동사 수식)
> 이메일에 빠르게 답변하다
> a (~~quickly~~/**quick**) response time (형용사: 명사 수식)
> 빠른 응답 시간

040 ★★
□□□ **advance** 미 [애(드)밴스] 영 [어(드)밴스]

[명] 진전, 발전; 증가
[동] 다가가다; 증진되다
[형] 사전의, 이전의

advancement [명] 발전
advanced [형] 상급의, 진보한
[유] 410 progress 진척, 진행

백 씨는 임원들에게 회계 소프트웨어의 **advance**를 설명했다.
Mr. Baek explained **advances** in accounting software to the directors.

[기출표현] in advance 미리, 사전에
hold an advanced degree 상급 학위를 소지하다

041 ★★★
□□□ **presentation** [프뤼-젠테이션]

[명] 발표, 프레젠테이션; 수여

185 present [동] 수여하다, 제시하다

안 씨는 고객 서비스 전략에 관한 **presentation**을 했다.
Ms. Ahn gave a **presentation** about customer service strategies.

[기출표현] give a presentation about[on] ~에 관한 발표를 하다

042 ★★
□□□ **decision** [디씨젼]

[명] 결정, 결단(력)

decide [동] 결정하다

사장은 간부 회의 동안에 **decision**을 내릴 것이다.
The president will make a **decision** during the executive meeting.

[기출표현] make a decision 결정을 내리다
decide to *do* ~하기로 결정하다

043 ★★
□□□ **prepare** [프리페어ㄹ]

[동] 준비[대비]하다

preparation [명] 준비, 대비
prepared [형] 준비된, 대비된

넬슨 씨는 발표를 위해 두 쪽짜리 유인물을 **prepare**했다.
Mr. Nelson **prepared** two pages of handouts for the presentation.

[기출표현] prepare for the trip[meeting] 여행[회의]을 준비하다
make preparations for ~을 준비하다

044 ★★
□□□ **achieve** [어취-(브)]

[동] 달성[성취]하다

134 achievement [명] 성취; 업적
[유] accomplish 성취하다

그 토론은 영업자들이 목표를 **achieve**하도록 동기를 부여했다.
The discussions motivated the salespeople to **achieve** their goals.

[기출표현] achieve the goal[objectives] 목표를 달성하다

045 ★★
□□□ **determine** [디터-ㄹ민]

[동] 결정하다; 알아내다

determination [명] 결정
determined [형] 굳게 결심한

오늘 우리는 그 프로젝트를 위한 최적의 홍보 전략을 **determine**할 것입니다.
Today, we will **determine** the best promotional strategy for the project.

[기출표현] determine the cause of a problem 문제의 원인을 밝히다
be determined to *do* ~하기로 굳게 결심하다

046 ★★
□
□ **purpose**
□ [퍼-ㄹ퍼스]

ⓝ 목적; 용도

그 회의의 **purpose**는 의장을 선출하는 것이었다.
The **purpose** of the meeting was to elect a chairperson.

기출표현 on purpose 고의로
for a private purpose 개인적인 용도로

047 ★★
□
□ **postpone**
□ [포우스포운]

ⓥ 연기하다, 미루다

275
㊒ delay 미루다; 지연

그들은 예산 편성을 그 주 후반으로 **postpone**했다.
They **postponed** the budget planning to later in the week.

기출표현 postpone a deadline[meeting] 마감[회의]을 연기하다
be postponed until tomorrow 내일로 연기되다

048 ★★
□
□ **brief**
□ [브뤼-(프)]

ⓐ 간단한; 잠시 동안의, 짧은

briefing ⓝ 브리핑, 간략한 보고
briefly ⓐ 잠시, 간단히

리온 씨가 그 마케팅 전략에 관해 **brief**한 논평을 했다.
Ms. Leone made a **brief** comment about the marketing strategy.

기출표현 a brief description[consultation] 짧은 설명[상담]

049 ★★
□
□ **suggestion**
□ [썹줴스쳔]

ⓝ 제안, 제의

suggest ⓥ 제안하다; 추천하다
065
㊒ proposal 제안, 제의

작업장 안전 개선에 관한 여러분의 **suggestion**을 공유해주세요.
Please share your **suggestions** for improving workplace safety.

기출표현 make[reject] a suggestion 제안을 하다[거절하다]
suggest an alternative 대안을 제시하다
suggest that절 ~할 것을 제안하다

050 ★★
□□□ **factor** [빽터ㄹ]

[명] 요인, 인자

[유] element 요소, 성분

월간 세미나가 그 회사의 성공에 주요한 **factor**였다.
Monthly seminars were a key **factor** in the company's success.

> **출제 포인트**
> 〈형용사+명사〉 콜로케이션에서 명사 어휘를 묻는 문제로 출제된다. 자주 어울려 쓰이는 '주요한, 중요한'의 의미인 형용사 key, main, important와 함께 한 단어처럼 기억하자.
> key[main, important] **factors** 주요 요인

051 ★★
□□□ **summary** [써머뤼]

[명] 요약, 개요

summarize [동] 요약하다

그 회의의 **summary**가 온라인에 게시되었다.
A **summary** of the meeting was posted online.

[기출표현] write[share] a summary of ~의 요약본을 작성[공유]하다
summarize findings[results] (연구 등의) 결과를 요약하다

052 ★★
□□□ **ideal** [아이디-얼]

[형] 이상적인, 가장 알맞은

idea [명] 발상, 생각
ideally [부] 이상적으로

그 회의실은 열 명 이하의 모임에 **ideal**하다.
The conference room is **ideal** for groups of fewer than ten people.

[기출표현] be ideal for ~에 이상적이다
an ideal candidate[applicant] 이상적인 지원자
ideally situated[located, placed] 최적의 입지 조건의

053 ★
□□□ **phase** [뻬이즈]

[명] 단계, 시기, 국면

[유] stage 단계
[유] step 단계

회담의 첫 번째 **phase**는 참가자들을 소개하는 것이다.
The first **phase** of the conference is introducing participants.

[기출표현] the first[next, final] phase 첫 번째[다음, 최종] 단계

054 ★★

arrange

[어뤠인쥐]

[동] 마련하다, 주선하다; 정리[배열]하다

238 arrangement [명] 준비; 배치

젤러 씨의 비서가 임원들과의 약속을 **arrange**했다.
Ms. Zeller's assistant **arranged** an appointment with executives.

[기출표현] arrange a meeting 만남을 주선하다
be arranged together 함께 배열되다

055 ★

settle

[쎄틀]

[동] 결정하다; 해결하다; 정착하다

settlement [명] 합의, 정착
settled [형] 안정된; 정착한

협상 장소는 아직 **settle**되지 않았다.
The location of the negotiation has not been **settled** yet.

[기출표현] That settles it. 그럼 결정 났네요.
settle a problem 문제를 해결하다

056 ★★

specific

[스뻐씨쀡]

[형] 구체적인, 명확한; 특정한
[명] 세부 내용

600 specify [동] 명시하다
specifically [부] 명확하게

각 세션에서는 사업과 관련된 **specific**한 주제를 하나씩 다룰 것입니다.
Each session will cover a **specific** topic related to business.

출제 포인트

specific vs. specifics
형태상 혼동하기 쉬운 두 단어의 의미를 구별하는 문제가 출제된다. 형용사 specific은 원형 그대로 명사를 수식하거나 보어로 쓰이지만, 명사 specifics는 항상 복수형으로 쓰이며 '세부 내용'을 의미한다.
(**specific**/~~specifics~~) suggestions for solving a problem
문제를 해결하기 위한 구체적인 제안들
examine (~~specific~~/**specifics**) 세부 내용을 검토하다

057 ★

□
□ **agenda**
□ [어젠더]

® 의제[안건] (목록)

그 **agenda**는 논의될 주요 사항들을 포함하고 있다.
The **agenda** includes the main points to be discussed.

기출표현 an item on the agenda 안건의 한 항목
modify an agenda 의제 목록을 수정하다

058 ★★

□
□ **reputation**
□ [뤠퓨테이션]

® 평판, 명성

경영진은 회사의 **reputation**을 쌓는 방법들을 찾으려고
노력한다.
Management tries to find ways to build the company's **reputation**.

기출표현 build[have, earn] a reputation for
~라는 명성을 쌓다[가지다, 얻다]
a reputation as ~로서의 명성

059 ★

□
□ **conflict**
□ [칸-쁠릭(트)]

® 충돌, 갈등
® 상충하다

conflicting ® 상반[상충]되는

그들은 일정의 **conflict** 때문에 회의 시간을 변경했다.
They changed the meeting time because of a scheduling **conflict**.

기출표현 a scheduling conflict 일정 충돌, 겹치는 일정
conflict with ~와 상충하다
give conflicting advice 상반된 조언을 하다

060 ★

□
□ **overview**
□ [오우붜ㄹ뷰-]

® 개관, 개요

기본적인 **overview** 뒤에 부서별 발표가 뒤따를 것이다.
The basic **overview** will be followed by departmental presentations.

기출표현 a basic overview 기본적인 개요
give an overview of ~의 개요를 제시하다

Part 1

상점 묘사 필수 어휘

상점 사진에서 볼 수 있는 사물과 인물의 상태 및 동작 묘사에 집중하여 아래 어휘와 예문을 들어보세요.

■ **cart** 카트

A man is loading items into a **cart**.
남자가 카트에 물품을 싣고 있다.

■ **shop** 상점; 쇼핑하다

They are leaving a **shop**.
사람들이 상점을 떠나고 있다.

■ **display** 진열, 전시; 진열[전시]하다

Some bags are on **display**.
가방들이 진열되어 있다.

■ **behind** ~의 뒤(쪽)에

A clerk is standing **behind** the counter.
점원이 카운터 뒤에 서 있다.

■ **customer** 고객, 손님

Some **customers** are waiting in line.
몇몇 고객이 줄을 서서 기다리는 중이다.

■ **push** 밀다

A woman is **pushing** a shopping cart.
여자가 쇼핑 카트를 밀고 있다.

■ **shelf** 선반

Boxes are stacked on a **shelf**.
상자들이 선반에 쌓여 있다.

■ **move** 옮기다, 이동하다

Water bottles are being **moved**.
물병들이 옮겨지는 중이다.

■ **empty** 비우다; 텅 빈

The man is **emptying** a shopping basket.
남자가 쇼핑 바구니를 비우고 있다.

■ **reach for** ~로 손을 뻗다, ~에 손이 닿다

He is **reaching for** a shirt.
남자가 셔츠에 손을 뻗고 있다.

■ **wipe** 닦다

A man is **wiping** a counter.
남자가 카운터를 닦는 중이다.

■ **pay** 지불하다

A customer is **paying** for a product.
손님이 제품에 대해 지불하는 중이다.

■ **fill** (가득) 채우다

A woman is **filling** her bag with items.
여자가 가방을 물품들로 채우고 있다.

■ **merchandise** 상품

She is placing **merchandise** on a shelf.
여자가 선반에 상품을 놓고 있다.

Check Up!

A 다음 영어 단어와 알맞은 뜻을 바르게 연결해보세요.

01 report •　　　　　　　　　　• ⓐ 구체적인; 세부 내용

02 specific •　　　　　　　　　• ⓑ 이끌다; 연결되다

03 prepare •　　　　　　　　　• ⓒ 요약, 개요

04 summary •　　　　　　　　　• ⓓ 준비[대비]하다

05 lead •　　　　　　　　　　• ⓔ 보고(서); 보고[보도]하다

B 문맥에 맞는 어휘를 골라 빈칸을 채우세요.

06 직원들은 논의 뒤에 _____하게 그 문제를 해결했다.

07 톨런드 씨는 부서장과의 _____를 취소했다.

08 그 토론은 영업 사원들이 목표를 _____하도록 동기를 부여했다.

09 리온 씨가 그 마케팅 전략에 관해 _____한 논평을 했다.

> ⓐ brief　　ⓑ appointment　　ⓒ achieve　　ⓓ phase　　ⓔ quickly

C 빈칸에 들어갈 알맞은 어휘를 고르세요.

10 The director will make a ------- to board members about the quarterly sales.
　　ⓐ presentation　　　　　　　　ⓑ decision

11 The manager ------- the meeting to Friday without explanation.
　　ⓐ postponed　　　　　　　　ⓑ lasted

12 Felix Designs has earned a ------- as a top provider of creative graphics.
　　ⓐ purpose　　　　　　　　ⓑ reputation

● 어제 학습한 어휘를 얼마나 기억하고 있는지 확인하세요.

회의

▢ overview	▢ purpose
▢ approve	▢ factor
▢ settle	▢ decision
▢ attend	▢ board
▢ postpone	▢ advance
▢ report	▢ appointment
▢ lead	▢ phase
▢ suggestion	▢ conflict
▢ agenda	▢ brief
▢ last	▢ summary
▢ prepare	▢ achieve
▢ reputation	▢ quickly
▢ discuss	▢ specific
▢ determine	▢ arrange
▢ presentation	▢ ideal

암기한 어휘 개수 _____ / 30

DAY 03

계약

● 오늘 학습할 어휘를 그림과 함께 살펴볼까요?

contract
계약(서)

possible
가능한

review
(재)검토하다

cost
값, 비용

supply
공급하다

necessary
필요한

revise
변경하다

renew
갱신하다

negotiation
협상

expire
만료되다

finalize
마무리 짓다

bid
입찰(가)

061 ★★
□
□ **contract**
□ [컨트랙(트)]

⊛ 계약(서)
⊛ 계약하다

contractor ⊛ 계약자, 하청업자

계약서

우리는 JC 리페어 사와 유지 보수 **contract**를 체결할 것입니다.
We will sign a maintenance **contract** with JC Repair.

기출표현 sign[win] a contract 계약을 체결하다[따내다]
a building contractor 건축 하청업자

062 ★★★
□
□ **receive**
□ [뤼씨-(브)]

⊛ 받다, 받아들이다

²⁰⁰recipient ⊛ 수령인
⁴⁷⁶receipt ⊛ 영수증; 받기
¹⁹¹reception ⊛ 접수처

귀하는 법률 서류 한 부를 우편으로 **receive**하실 것입니다.
You will **receive** a copy of the legal documents by post.

기출표현 receive a certificate 증명서[자격증]를 받다

063 ★★★
□
□ **possible**
□ [파-써블]

⊛ 가능한, 있을 수 있는

possibility ⊛ 가능성
possibly ⊛ 아마

⊜ impossible 불가능한

접속 가능

프리먼 씨는 **possible**한 한 가장 낮은 가격을 얻으려고 항상
노력한다.
Mr. Freeman always tries to get the lowest **possible** prices.

기출표현 as quickly[soon] as possible 가능한 한 빨리
the possibility of telecommuting 재택근무 가능성

> **출제 포인트**
> 형용사 possible이 최상급의 의미를 강조할 때에는 최상급 뒤에 나오
> 고, 이때에는 '가능한 한 가장 ~한'이라는 의미가 된다는 점을 기억하자.
> the brightest **possible** lamp 가능한 한 가장 밝은 램프

064 ★★★
□
□ **review**
□ [뤼뷰-]

359
㈜ examine 조사하다, 검토하다

동 (재)검토하다; 비평하다
명 비평, 후기; (재)검토

하시모토 씨는 계약서의 모든 부분을 **review**했다.
Mr. Hashimoto has **reviewed** all parts of the contract.

기출표현 review a contract 계약서를 검토하다
be thoroughly reviewed 꼼꼼하게 검토되다
a brief review 간략한 검토

065 ★★★
□
□ **proposal**
□ [프뤄**포**우즐]

propose 동 제안하다
466 proposed 형 제안된
049
㈜ suggestion 제안, 제의

명 제안, 제의

공급업체를 변경하자는 **proposal**에 관한 우려들이 있었다.
There were concerns about the **proposal** to change suppliers.

기출표현 present[submit] a proposal 제안하다
propose a plan 계획을 제안하다

066 ★★★
□
□ **payment**
□ [페이먼(트)]

pay 동 지불하다
명 급여, 임금

명 지불, 지급; 지불금

그 관리자가 수수료 **payment**를 처리할 것이다.
The manager will process the **payment** of the fees.

기출표현 collect[send] payment 지불금을 수금하다[보내다]
pay in full[installments] 일시불로[할부로] 지불하다

067 ★★★
□ **detail**
□ [디테일]
□ [디테일]

detailed 형 상세한

명 세부 사항; 상세 정보
동 상세히 설명하다

이 문서는 배송 정책에 관한 **detail**을 제공한다.
This document provides **details** about the shipping policy.

기출표현 attention to detail 세세한 부분에 대한 주의
detail (one's) experience
(문서 등이) ~의 경력을 상세히 서술하다
for more detailed information 더 상세한 정보를 위해

□
□ **cost**
□ [커-스(트)]

명 값, 비용, 경비
동 (비용이) 들다

537 costly 형 값비싼

각 제품의 **cost**는 제안서에 기재되어 있다.
The **cost** of each product is listed in the proposal.

기출표현 minimize costs 비용을 최소화하다
a cost estimate 비용 견적서
cost approximately $100 약 100달러가 들다

069 ★★★
□
□ **regarding**
□ [뤼가-ㄹ딩]

전 ~에 관하여[대하여]

regard 동 ~로 여기다
regardless of 전 ~에 상관없이

유 concerning ~에 관한
유 about ~에 관해

그 계약 조항들은 수입품에 **regarding**한 모든 규정을 따른다.
The contract conditions follow all regulations **regarding** imports.

기출표현 issues regarding the efficiency 효율성에 관한 문제들
regardless of the time 시간에 상관없이

070 ★★
□
□ **agreement**
□ [어그뤼-먼(트)]

명 합의, 동의; 협정, 계약

agree 동 동의하다

그 두 회사는 합병에 관한 **agreement**에 도달하는 데 실패했다.
The two companies failed to reach an **agreement** on the merger.

기출표현 reach an agreement 합의에 도달하다
agree to do ~하기로 동의하다

071 ★★★
□
□ **supply**
□ [써플라이]

동 공급[제공]하다
명 공급, 제공; 물품

supplier 명 공급자, 공급 회사

합의에 따라 BC-테크 사는 직원들에게 노트북을 **supply**할 것이다.
Under the agreement, BC-Tech will **supply** laptops to the staff.

기출표현 office supplies 사무용품
a supplier of equipment 설비 공급업체

072 ★★
□ **term**
□ [터ㄹ엄]

유 ⁵⁷⁹ condition 조건

명 조항, 조건; 용어; 기간

그 terms는 고객들에게 제때 요금을 지불할 것을 요구한다.
The **terms** require customers to pay their bills on time.

기출표현 in terms of ~의 관점[측면]에서
a long-term[short-term] lease 장기[단기] 임대 (계약)

073 ★★★
□ **pleased**
□ [플리-즈(드)]

please 동 기쁘게 하다
pleasure 명 기쁨
pleasant 형 기분 좋은

형 기뻐하는, 만족하는

고객들은 서비스 조건에 **pleased**했다.
The clients were **pleased** with the terms of service.

출제 포인트
pleased vs. pleasing
감정을 나타내는 분사의 쓰임을 구별하여 문맥에 알맞은 분사를 고르는
문제로 출제된다.
I am (**pleased**/pleasing) to do (과거분사: 감정을 느끼는 주체 수식)
저는 ~해서 기쁩니다
a (pleased/**pleasing**) atmosphere (현재분사: 감정의 원인 수식)
기분 좋은 분위기

074 ★★
□ **forward**
□ [풔-ㄹ워ㄹ(드)]

유 ⁴³¹ direct 보내다
유 send 보내다

동 전달하다, 보내다
부 앞으로

계약과 관련된 모든 이메일은 리우 씨에게 forward되어야 합니다.
All e-mails regarding contracts must be **forwarded** to Ms. Liu.

기출표현 move forward 앞으로 이동하다
look forward to doing[명사] ~(하기)를 고대하다

075 ★★★
□ **necessary**
□ [네써쎄뤼]

necessity 명 필수품
necessarily 부 어쩔 수 없이

유 essential 필수적인

형 필요한

합의서에 서명하기 위해서 관리자의 승인이 necessary하다.
Approval from the manager is **necessary** in order to sign an
agreement.

기출표현 it is necessary to do ~하는 것이 필요하다

076 ★★
□□□ **option** [옵-션]

[명] 선택, 옵션; 선택권

opt [동] 택하다
optional [형] 선택의
[유] choice 선택 (사항) 231

계약을 위한 배송 **option**이 논의되어야 합니다.
Shipping **options** for the contract need to be discussed.

[기출표현] various delivery options 다양한 배송 옵션

077 ★★
□□□ **former** [포-ㄹ머ㄹ]

[형] 이전의, 과거의

formerly [부] 전에
[유] previous 이전의 017

우리는 현재의 계약서와 **former**의 계약서를 비교했습니다.
We compared the current contract with the **former** one.

[기출표현] formerly called DW Inc. 이전에 DW 주식회사라고 불리던

078 ★★
□□□ **revise** [뤼봐이즈]

[동] 변경[수정]하다

revision [명] 수정, 정정

우리는 고객의 서명 없이는 계약서를 **revise**할 수 없습니다.
We cannot **revise** the contract without the client's signature.

[기출표현] revise a document 문서를 수정하다
a revised version 수정된 버전
request a revision 수정을 요청하다

079 ★★
□□□ **carefully** [케어뻘리]

[부] 주의 깊게, 조심스럽게; 신중히

care [동] 관심을 가지다
[명] 보살핌
careful [형] 조심하는; 세심한

커클랜드 씨는 각 조항의 세부 사항들을 **carefully**하게 검토했다.
Ms. Kirkland reviewed the details of each section **carefully**.

출제 포인트
carefully vs. careful
수식하는 대상에 따라 알맞은 품사를 고르는 자리 문제로 출제된다.
read the return policy (**carefully**/~~careful~~) (부사: 동사 수식)
환불 약관을 주의 깊게 읽다
(~~carefully~~/**careful**) attention to detail (형용사: 명사 수식)
세부 사항에 대한 세심한 주의

080 ★★

□□□ **invoice** [**인**보이스]

[명] 청구서, 송장

576 [유] bill 청구서

식대는 출장 요리 서비스 **invoice**에 포함되어 있었다.
The cost of the food was included on the catering **invoice**.

[기출표현] issue[revise, approve] an invoice
청구서를 발부[수정, 승인]하다

081 ★★

□□□ **renew** [뤼**뉴**-]

[동] 갱신[연장]하다; 재개하다

418 renewal [명] 갱신; 재개
renewable [형] 재생 가능한

블레이클리 자동차는 매년 12월에 서비스 계약을 **renew**한다.
Blakely Autos **renews** its service agreement every December.

[기출표현] renew a contract[subscription] 계약[구독]을 갱신하다
renewable energy 재생 가능한 에너지

082 ★★

□□□ **contain** [컨**테**인]

[동] 담고 있다, 포함하다

287 content [명] 내용(물); 목차
container [명] 그릇, 용기

그 문서는 하청업체의 전체 목록을 **contain**하고 있었다.
The document **contained** a full list of the contractors.

[기출표현] contain private information 개인 정보를 담고 있다
put things in a container 용기에 물건들을 넣다

083 ★★

□□□ **negotiation** [니고우쉬**에**이션]

[명] 협상, 교섭

negotiate [동] 협상하다

negotiation 중에, TM 비스킷 사는 가격 인하를 요청했다.
During **negotiations**, TM Biscuit asked for a price reduction.

[기출표현] participate in negotiations 협상에 참여하다
negotiate a price 가격을 협상하다

084 ★★
expire
[익스빠이어ㄹ]

[동] 만료되다, 끝나다

expiration [명] 만료, 종료

사무실 임대 계약이 5월 31일에 **expire**될 것이다.
The lease for the office will **expire** on May 31.

[기출표현] until the contract expires 계약이 만료될 때까지
an expired license 만료된 면허증
an expiration date 만료일, 유통기한

085 ★
especially
[이스뻬셜리]

[부] 특히, 특별히

especial [형] 특별한

[유] particularly 특히

그 제안은 **especially** 가격 면에서 공정하다.
The offer is fair, **especially** in terms of price.

[기출표현] be especially designed for ~을 위해 특별히 디자인되다

086 ★
finalize
[빠이널라이(즈)]

[동] 마무리 짓다, 완결하다

final [형] 최종적인; 마지막의
339 finally [부] 마침내

젠락 파이낸스 사와의 계약이 지난주에 **finalize**되었다.
The contract with Genlock Finance was **finalized** last week.

[기출표현] finalize a budget[plan] 예산[계획]을 마무리 짓다
make a final decision 최종 결정을 하다

087 ★
authorize
[어-떠롸이(즈)]

[동] 인가[허가]하다, 권한을 부여하다

438 authority [명] 권한
authorization [명] 허가(증)

그 임원은 합의서에 있는 일정 변경을 **authorize**해야만 한다.
The director must **authorize** scheduling changes in the agreement.

[기출표현] authorize a transaction[payment] 거래[지불]를 허가하다
be authorized to *do* ~하도록 허가되다
an authorization form[document] 승인 양식[서류]

088 ★

hardly

[하-ㄹ들리]

[부] 거의 ~ 않은[없는]

hard [형] 단단한
[부] 열심히, 세게

[유] rarely 거의 ~하지 않는 592

몇 시간의 협상 후에도 그들은 **hardly** 진전이 없었다.
After hours of negotiations, they **hardly** made any progress.

출제 포인트
hardly (ever), scarcely, rarely, seldom(거의 ~않는) 등의 부사들은 그 자체로 부정의 의미를 포함하고 있어서 not, never 등의 다른 부정어와 함께 쓰이지 않는다.
hardly ever break down 거의 망가지지 않다
be **seldom** available 거의 이용할 수 없다

089 ★

bid

[비(드)]

[명] 입찰(가)
[동] 입찰에 응하다, 값을 부르다

bidder [명] 입찰자

MN 건설사는 개조 사업에 **bid**를 제출했다.
MN Construction submitted a **bid** for the renovation project.

[기출표현] submit a bid 입찰에 응하다
bid at auction 경매에서 값을 부르다

090 ★

landscaping

[랜(드)스께이핑]

[명] 조경

landscape [명] 풍경
[동] 조경을 하다
landscaper [명] 정원사

저희가 고객님의 정원에 **landscaping** 서비스를 제공하게 되어 기쁩니다.
We're pleased to offer a **landscaping** service for your garden.

[기출표현] landscaping needs[services] 조경 수요[서비스]
the beauty of the local landscape 지역 풍경의 아름다움

Part 1

식당·주방 묘사 필수 어휘

식당 및 주방 사진에서 볼 수 있는 사물과 인물의 상태 및 동작 묘사에 집중하여 아래 어휘와 예문을 들어보세요.

■ **be seated** 앉아 있다

The men **are seated** at a table.
남자들이 테이블에 앉아 있다.

■ **sweep** (빗자루로) 쓸다

One of the women is **sweeping** a floor.
여자들 중 한 명이 바닥을 쓸고 있다.

■ **wash** 씻다

He is **washing** some plates.
남자가 접시를 씻고 있다.

■ **pour** 붓다, 따르다

She is **pouring** water into a cup.
여자가 컵에 물을 따르고 있다.

■ **counter** 조리대; 계산대

There are cooking pots on a **counter**.
조리대 위에 요리 냄비들이 있다.

■ **arrange** 배열하다, 정리하다

Tables are being **arranged** on the patio.
테이블들이 옥외 테라스에 정리되는 중이다.

■ **enter** 들어가다

Some people are **entering** a restaurant.
사람들이 식당에 들어가고 있다.

■ **lean** 기대다

Some chairs are **leaning** against the wall.
의자 몇 개가 벽에 기대어져 있다.

■ **bottle** 병

He is reaching for a water **bottle**.
남자가 물병에 손을 뻗고 있다.

■ **outdoor** 야외의, 옥외의

Some people are eating at an **outdoor** café.
사람들이 야외 카페에서 식사 중이다.

■ **clear** 치우다

A woman is **clearing** the tables.
여자가 테이블들을 치우고 있다.

■ **tray** 쟁반

One of the men is carrying a **tray**.
남자 중 한 명이 쟁반 하나를 나르고 있다.

■ **occupied** 사용 중인

Tables are **occupied** by patrons.
테이블들은 손님들이 사용 중이다.

■ **serve** (음식을) 내다, 차리다

The man is **serving** food on a plate.
남자가 접시에 담긴 음식을 내고 있다.

Check Up!

A 다음 영어 단어와 알맞은 뜻을 바르게 연결해보세요.

01 pleased •
02 proposal •
03 expire •
04 landscaping •
05 invoice •

• ⓐ 조경
• ⓑ 기뻐하는, 만족하는
• ⓒ 제안, 제의
• ⓓ 만료되다, 끝나다
• ⓔ 청구서, 송장

B 문맥에 맞는 어휘를 골라 빈칸을 채우세요.

06 몇 시간의 협상 후에도 그들은 _____ 진전이 없었다.

07 블레이클리 자동차는 매년 12월에 서비스 계약을 _____ 한다.

08 합의서에 서명하기 위해서 관리자의 승인이 _____ 하다.

09 합의에 따라 BC-테크 사는 직원들에게 노트북을 _____ 할 것이다.

| ⓐ renew | ⓑ supply | ⓒ necessary | ⓓ hardly | ⓔ contain |

C 빈칸에 들어갈 알맞은 어휘를 고르세요.

10 Ms. Wallace wants to discuss her concerns ------- the contract with YJ Motors.
　ⓐ forwarding　　　　　　　　ⓑ regarding

11 The company's lawyer will review the documents ------- to check for issues.
　ⓐ carefully　　　　　　　　ⓑ careful

12 Be sure to read the contract ------- before signing the documents.
　ⓐ costs　　　　　　　　ⓑ terms

01 ⓑ 02 ⓒ 03 ⓓ 04 ⓐ 05 ⓔ 06 ⓓ 07 ⓐ 08 ⓒ 09 ⓑ 10 ⓑ 11 ⓐ 12 ⓑ

어제 어휘 확인하기

● 어제 학습한 어휘를 얼마나 기억하고 있는지 확인하세요.

계약

- term
- contain
- possible
- receive
- especially
- cost
- former
- landscaping
- expire
- hardly
- option
- invoice
- necessary
- supply
- renew

- regarding
- pleased
- contract
- agreement
- review
- revise
- negotiation
- carefully
- proposal
- forward
- payment
- bid
- detail
- authorize
- finalize

암기한 어휘 개수 _____ / 30

42

sale
매출(량); 영업

result
결과

expand
확대하다

indicate
나타내다

demand
수요; 요구

campaign
캠페인, 운동

focus
집중하다

directly
직접

advertisement
광고

aim
목표하다

attract
끌어모으다

distribution
유통; 배부

091 ★★★
□
□ **need**
□ [니-(드)]

㥣 require 필요[요구]하다
153
㥣 demand 필요로 하다; 요구
103

ⓢ 필요로 하다; ~해야 하다
ⓜ 요구; 필요(성)

우리는 그 제품의 유용한 기능들을 광고하는 것이 **need**해요.
We **need** to advertise the product's useful features.

기출표현　in need of　~을 필요로 하는
　　　　　 meet the needs of　~의 요구를 충족시키다

092 ★★★
□
□ **sale**
□ [세일]

sell ⓢ 팔다, 팔리다

ⓜ 매출(량); 영업; 판매; 할인 판매

벤런 백화점은 **sales**를 향상시키려고 가격을 인하했다.
Venlon Department Store lowered its prices to improve **sales**.

기출표현　sales figures　매출 수치, 매출액
　　　　　 be on sale　판매 중이다
　　　　　 This new product sells well.　이 신제품은 잘 팔린다.

093 ★★
□ **survey**
□ 명 [써-ㄹ붸이]
□ 동 [써ㄹ붸이]

ⓜ (설문) 조사
ⓢ (설문) 조사하다

쇼핑객은 자신의 쇼핑 경험에 대한 고객 만족 **survey**를 작성했다.
Shoppers completed a customer satisfaction **survey** about their
shopping experience.

기출표현　conduct[complete] a survey　설문 조사를 시행[작성]하다
　　　　　 survey results　설문 조사 결과

094 ★★★
□
□ **result**
□ [뤼절(트)]

㥣 outcome 결과

ⓜ 결과; 성과
ⓢ (~의 결과로) 발생하다

영업팀의 좋은 **result**는 그들의 노고에서 비롯되었다.
The sales team's good **results** came from their hard work.

기출표현　as a result　결과적으로
　　　　　 result in　(결과로서) ~을 발생시키다[초래하다]
　　　　　 result from　~ 때문에 발생하다

095 ★★★
increase
동 [인크뤼-(스)]
명 [인크뤼-(스)]

동 증가하다, 인상되다; 늘리다
명 증가, 인상

increasing 형 증가하는
390 increasingly 부 점점 더
570 decrease 감소하다; 감소

줄어든 마케팅 비용 때문에 이윤이 **increase**할 것이다.
Profits will **increase** due to lower marketing costs.

기출표현 increasing customer satisfaction 증가하는 고객 만족도

> **출제 포인트**
> 명사 increase는 전치사 in과 자주 어울려 쓰인다. 이외에 전치사 in과
> 어울려 쓰이는 명사 surge(증가), decrease(감소), fall(감소) 등도 함
> 께 기억하자.
> an **increase**[a **surge**] in sales 매출의 증가
> a **decrease**[**fall**] in costs 비용의 감소

096 ★★★
create
[크뤼에이(트)]

동 만들어 내다, 창조[창출]하다

creation 명 창조, 창작
creative 형 창의적인
creatively 부 창의적으로

글렌 음료 사는 신제품을 위한 팸플릿을 **create**했다.
Glenn Beverages **created** a pamphlet for the new product.

기출표현 create many jobs 많은 일자리를 창출하다
find a creative solution 창의적인 해결책을 찾다
think creatively 창의적으로 생각하다

097 ★★★
expand
[익스뺀(드)]

동 확대[확장]하다

expansion 명 확대, 확장
464 extend 늘리다; 넓히다

선레이 가전제품 사는 캐나다까지 시장을 **expand**하고 싶어 한다.
Sunray Appliances wants to **expand** its market to Canada.

기출표현 expand business 사업을 확장하다
an expansion of a building 건물의 확장

098 ★★★
prefer
[프뤼풔-ㄹ]

동 선호하다, 더 좋아하다

preference 명 선호(도)

고객들은 보통 작은 가게보다 대형 쇼핑몰을 **prefer**한다.
Customers often **prefer** large shopping malls to small stores.

기출표현 prefer A to B B보다 A를 선호하다
show a strong preference 강한 선호를 보여주다

45

099 ★★
☐
☐ **indicate**
☐ [인디케이(트)]

(동) 나타내다, 보여주다; 명시하다

indication (명) 말, 암시
indicative (형) 나타내는

그 연구는 소비자들이 건강식품에 관심이 있다는 것을 **indicate**한다.
The study **indicates** that consumers are interested in health foods.

기출표현 indicate that절 ~라는 것을 나타내다
be indicative of ~을 나타내다

100 ★★★
☐
☐ **promotion**
☐ [프뤄모우션]

(명) 홍보[판촉] (활동); 승진, 진급

491 promote (동) 촉진하다; 승진시키다
promotional (형) 홍보[판촉]의

그린리프 슈퍼마켓은 개점을 위한 특별한 **promotion**을 했다.
Greenleaf Supermarket held special **promotions** for its grand opening.

기출표현 qualifications for a promotion 승진을 위해 갖춘 자격
create promotional materials 홍보 자료를 만들다

101 ★★★
☐
☐ **responsible**
☐ [뤼스빤-서블]

(형) 책임지고 있는; 책임감 있는

429 responsibility (명) 책임, 의무
responsibly (부) 책임감 있게

나카노 씨는 마케팅 설문 조사 시행을 **responsible**하고 있다.
Ms. Nakano is **responsible** for conducting a marketing survey.

기출표현 be responsible for ~을 책임지고 있다
behave responsibly 책임감 있게 행동하다

102 ★★
☐
☐ **expectation**
☐ [엑스뻭테이션]

(명) 기대; 예상

273 expect (동) 예상[기대]하다

그 새로운 스마트폰은 고객의 모든 **expectation**을 넘어섰다.
The new smartphone exceeded all customer **expectations**.

기출표현 meet[satisfy] expectations 기대를 충족시키다

103 ★★★
□
□ **demand**
□ 미 [디맨(드)]
  영 [디만-(드)]

(명) 수요; 요구
(동) 요구하다, 필요로 하다

demanding (형) 힘든
091
(유) need 요구; 필요로 하다

한 입만~

아시아 시장에서 전기 자동차에 대한 **demand**가 증가하고 있다.
The **demand** for electric cars is growing in Asian markets.

기출표현 be in (high) demand (높은) 수요가 있다
         demanding work 힘든 일

출제 포인트
명사 demand는 전치사 for와 자주 어울려 쓰이므로 demand for
(~에 대한 수요)를 한 덩어리로 암기하자.
a growing[increasing] **demand for** ~에 대해 증가하는 수요
a surge in **demand for** ~에 대한 수요의 급증

104 ★★
□
□ **effective**
□ [이펙티(브)]

(형) 효과적인; (규정 등이) 시행되는

496 effect (명) 영향; 초래하다
effectively (부) 효과적으로

텔레비전 광고는 제품을 보여주는 **effective**한 방법이다.
Television commercials are an **effective** way to present a product.

기출표현 effective tomorrow 내일부터 시행되는
         effectively reduce the risk 위험을 효과적으로 줄이다

105 ★★
□
□ **introduce**
□ [인트뤄듀-(스)]

(동) 소개하다; 도입하다

introduction (명) 소개; 도입
introductory (형) 서두의

(유) bring in 도입하다

펜웨이 채널은 어린이용 신규 온라인 서비스를 **introduce**했다.
Fenway Channel **introduced** its new online services for kids.

기출표현 introduce A to B A를 B에(게) 소개[도입]하다
         the introduction of a program 프로그램의 소개[도입]

106 ★★
□
□ **campaign**
□ [캠페인]

(명) 캠페인, 운동

그 마케팅 **campaign**에는 온라인 홍보 활동이 포함될 것이다.
The marketing **campaign** will include online promotions.

기출표현 a fundraising campaign 모금 캠페인

107 ★★
☐ **focus**
☐
☐ [쀠우커(스)]

⟐ concentrate 집중하다

ⓢ 집중하다; 초점을 맞추다
ⓜ 초점, 주목

내일 회의에서는 여름맞이 할인 판매를 위한 계획에 **focus**할 것입니다.
Tomorrow's meeting will **focus** on plans for the summer sale.

> 기출표현 focus on ~에 집중하다
> with a focus on ~에 초점을 두고

108 ★★★
☐ **directly**
☐ [드뤡(틀)리]
☐ [다이뤡(틀)리]

431 direct ⓢ 보내다
　　　ⓐ 직접적인

ⓟ 직접; 곧장; 즉시

서튼 헬스 사의 비타민은 회사 웹 사이트에서 **directly** 구매할 수 있다.
Sutton Health's vitamins can be purchased **directly** from its Web site.

> **출제 포인트**
> directly vs. direct
> 수식하는 대상에 따라 알맞은 품사를 고르는 자리 문제로 출제된다.
> be shipped (**directly**/direct) to a customer (부사: 동사 수식)
> 고객에게 직배송되다
> be approved by (directly/**direct**) supervisors (형용사: 명사 수식)
> 직속 상사에게 승인받다

109 ★★
☐ **potential**
☐
☐ [퍼텐셜]

potentially ⓟ 잠재적으로

⟐ prospective 장래의, 유망한

ⓐ 잠재적인, 가능성이 있는
ⓜ 가능성, 잠재력

매그넘 사는 **potential**한 고객을 파악하려고 설문 조사를 했다.
Magnum Co. conducted a survey to identify **potential** customers.

> 기출표현 a potential investor[client] 잠재 투자자[고객]
> the potential to export apparel 의류를 수출할 가능성

110 ★★

subscription

[썹스크립션]

[명] 구독(료), (서비스) 가입

subscribe [동] 구독[가입]하다
subscriber [명] 구독자, 가입자

〈가드닝 매거진〉 지는 매출을 신장시키려고 **subscription**에 할인을 제공하는 중이다.
Gardening Magazine is offering discounts on **subscriptions** to boost sales.

[기출표현] renew[sign up for] a subscription 구독을 갱신[신청]하다
subscribe to a service 서비스에 가입하다

111 ★★

advertisement

미 [애드붜ㄹ타이즈먼(트)]
영 [어드붜-티스먼(트)]

[명] 광고

advertise [동] 광고하다
advertising [명] 광고(업)

질리언 호텔의 **advertisement**는 일요일 자 신문에 나올 것이다.
The **advertisement** for Gillian Hotel will appear in Sunday's newspaper.

[기출표현] place[post] an advertisement 광고를 내다[게시하다]
advertise a position 일자리를 광고하다
an advertising campaign 광고 캠페인

112 ★★

analysis

[어낼러씨스]

[명] 분석 (연구)

analyze [동] 분석하다
analyst [명] 분석가

우리는 국제 시장 트렌드에 관한 **analysis**를 수행했습니다.
We carried out an **analysis** of global market trends.

[기출표현] perform a financial analysis 재무 분석을 수행하다
analyze data 데이터를 분석하다

113 ★

affect

[어펙(트)]

[동] 영향을 미치다

175
[유] influence 영향을 미치다

스냅 체육관의 확장은 그곳의 매출에 긍정적으로 **affect**했다.
The expansion of Snap Gym positively **affected** its sales.

[기출표현] favorably[adversely] affect
유리하게[불리하게] 영향을 미치다
be affected by ~에 영향을 받다

114 ★★
□
□ **aim**
□ [에임]

(동) 목표하다
(명) 목표, 목적; 겨냥

046
(유) purpose 목적

저희는 5년 이내에 시장 선도 기업이 되는 것을 **aim**합니다.
We **aim** to become the market leader within five years.

기출표현 | aim to *do* ~하는 것을 목표하다
aimed at ~을 겨냥한[목표로 한]
the aim of a business 사업의 목표

115 ★★
□
□ **profitable**
□ [프라-뿨터블]

(형) 수익성이 있는; 유익한

469 profit (명) 수익; 이득
profitability (명) 수익성
(유) rewarding 수익이 많이 나는

오데사 호텔은 연휴 성수기 동안에 가장 **profitable**하다.
Odessa Hotel is most **profitable** during the busy holiday season.

기출표현 | make profitable investments 수익성 있는 투자를 하다
stay[remain] profitable 수익성이 있도록 유지되다

116 ★★
□
□ **attract**
□ [어트랙(트)]

(동) 끌어모으다; 마음[흥미]을 끌다

234 attraction (명) 매력; 명소
attractive (형) 매력적인

탤벗 가구는 고객을 **attract**하기 위해 매장에서 이벤트를 연다.
Talbott Furniture holds events at its store to **attract** customers.

기출표현 | attract attention 관심[이목]을 끌다
an attractive space 매력적인 공간

> **출제 포인트**
> Part 7의 동의어 문제로 출제된다. '(고객·팬 등을) 끌어모으다'의 의
> 미로 쓰일 때는 draw로, '(사람의) 흥미를 끌다'의 의미로 쓰일 때는
> appeal to로 바꿔쓸 수 있다.
> **attract[draw]** baseball fans 야구팬들을 끌어모으다
> **attract[appeal to]** customers 고객들의 흥미를 끌다

117 ★
☐
☐ **distribution**
☐ [디스트뤼뷰-션]

(명) 유통; 배부, 분배

distribute (통) 유통하다; 나눠주다
distributor (명) 유통업자, 배급사

맥스 식료품은 자사의 **distribution**을 전국적으로 확대했다.
Max Groceries expanded its **distribution** nationwide.

기출표현 | information distribution 정보 분배
distribute handouts[flyers] 유인물[전단지]을 나눠주다

118 ★★
☐
☐ **consistently**
☐ [컨씨스턴(틀)리]

(부) 지속적으로, 일관되게

consistent (형) 일관된

현재의 마케팅 캠페인이 **consistently** 고객들의 관심을 끌고 있다.
The current marketing campaign **consistently** attracts customers' attention.

기출표현 | consistently donate to charities
자선단체에 지속적으로 기부하다
be consistent with ~와 일치하다

119 ★
☐
☐ **strategy**
☐ [스트뤠터쥐]

(명) 전략, 계획 (수립)

strategic (형) 전략적인
strategically (부) 전략적으로

새로운 광고 **strategy**가 그 책을 베스트셀러로 만들었다.
The new advertising **strategy** made the book a best-seller.

기출표현 | implement business strategies 사업 전략을 실행하다
strategically invest in ~에 전략적으로 투자하다

120 ★
☐
☐ **traditional**
☐ [트러디셔늘]

(형) 전통의, 전통적인

tradition (명) 전통
traditionally (부) 전통적으로

traditional한 마케팅 전략이 IT 분야에서 효과적이지는 않다.
The **traditional** marketing strategies are not effective in the IT field.

기출표현 | traditional methods 전통적인 방식
traditionally come last 전통적으로 마지막에 나오다

Part 1

도로·교통수단 묘사 필수 어휘

도로나 교통수단 관련 사진에서 볼 수 있는 사물과 인물의 상태 및 동작 묘사에 집중하여 아래 어휘와 예문을 들어보세요.

---

park 주차하다; 공원

Cars are **parked** on the road.
차들이 도로에 주차되어 있다.

vehicle 차량, 탈것

A man is driving a **vehicle**.
남자가 차량을 모는 중이다.

---

stand 서 있다

A woman is **standing** on a platform.
여자가 승강장에 서 있다.

cross 건너다

Some pedestrians are **crossing** a street.
몇몇 행인이 길을 건너고 있다.

---

bridge 다리

One of the people is walking on the **bridge**.
사람들 중 하나가 다리 위를 걷고 있다.

approach 접근하다, 다가가다

A train is **approaching** a platform.
기차가 승강장으로 접근하고 있다.

---

in front of ~ 앞에

There is a truck **in front of** the building.
건물 앞에 트럭이 있다.

board 탑승하다; 판자

Some people are **boarding** a bus.
몇몇 사람들이 버스에 탑승하고 있다.

---

intersection 교차로

Some cars are lined up near an **intersection**.
몇몇 차들이 교차로 주변에 줄지어 서 있다.

passenger 승객

Passengers are getting out of a train.
승객들이 기차에서 내리는 중이다.

---

crowded 붐비는, 복잡한

A street is **crowded** with people.
거리가 사람들로 북적이고 있다.

ride 타다, 몰다

Some people are **riding** bicycles.
몇몇 사람들이 자전거를 타고 있다.

---

traffic 교통

Vehicles are stopped at the **traffic** light.
차량들이 교통 신호에 멈춰있다.

ship 배, 선박

A **ship** is docked in a harbor.
배 한 척이 항구에 정박해 있다.

Check Up!

A 다음 영어 단어와 알맞은 뜻을 바르게 연결해보세요.

01 subscription ·   · ⓐ 기대; 예상

02 prefer ·   · ⓑ 구독(료), (서비스) 가입

03 expectation ·   · ⓒ 필요로 하다; 요구

04 need ·   · ⓓ 선호하다, 더 좋아하다

05 traditional ·   · ⓔ 전통의

B 문맥에 맞는 어휘를 골라 빈칸을 채우세요.

06 나카노 씨는 마케팅 설문 조사 시행을 ＿＿＿＿＿＿하고 있다.

07 새로운 광고 ＿＿＿＿＿＿가 그 책을 베스트셀러로 만들었다.

08 서튼 헬스 사의 비타민은 회사 웹 사이트에서 ＿＿＿＿＿＿ 구매할 수 있다.

09 쇼핑객들은 자신의 쇼핑 경험에 대한 고객 만족 ＿＿＿＿＿＿를 작성했다.

| ⓐ sale | ⓑ survey | ⓒ responsible | ⓓ directly | ⓔ strategy |

C 빈칸에 들어갈 알맞은 어휘를 고르세요.

10 Utica Bread is running television commercials to ------- more customers.

ⓐ result   ⓑ attract

11 We need to ------- a new logo for our company.

ⓐ create   ⓑ creative

12 Carver Financial assists its clients with making ------- investments.

ⓐ profitable   ⓑ demanding

01 ⓑ 02 ⓓ 03 ⓐ 04 ⓒ 05 ⓔ 06 ⓔ 07 ⓔ 08 ⓓ 09 ⓑ 10 ⓑ 11 ⓐ 12 ⓐ

53

어제 어휘 확인하기

마케팅·영업

- distribution
- focus
- create
- potential
- analysis
- expectation
- effective
- introduce
- sale
- consistently
- strategy
- promotion
- prefer
- attract
- affect

- responsible
- indicate
- result
- directly
- expand
- demand
- advertisement
- aim
- need
- survey
- increase
- traditional
- subscription
- campaign
- profitable

암기한 어휘 개수 _____ / 30

DAY 05

인사

● 오늘 학습할 어휘를 그림과 함께 살펴볼까요?

award
상, 상금

early
일찍, 조기에

serve
근무하다

transfer
이동하다; 환승

evaluate
평가하다

retire
은퇴하다

search
찾아보다

appoint
임명하다

nomination
(후보) 지명

suitable
적합한

competent
유능한, 능숙한

knowledgeable
많이 아는

단어와 의미를 먼저 암기하세요.

121 ★★★
□ **award**
□ [어워-ㄹ(드)]
□

[명] 상, 상금
[동] 수여하다

도너번 씨는 판매 기록을 세워 **award**를 받았다.
Mr. Donovan was given an **award** for his sales record.

[기출표현] an awards ceremony 시상식
win an award 상을 받다

122 ★★★
□ **recently**
□ [뤼-슨(틀)리]
□

[부] 최근에

[245] recent [형] 최근의

[유] lately 최근에

모야 사는 자사 직원 매뉴얼의 내용을 **recently** 업데이트했다.
Moya Co. **recently** updated the contents of its employee manual.

[기출표현] a recently opened restaurant 최근에 문을 연 식당

123 ★★★
□ **early**
□ [어-ㄹ리]
□

[부] 일찍, 조기에, 초기에
[형] 이른, 조기의, 초기의

[반] late 늦게; 늦은

그 관리자는 직원들에게 **early** 출근할 것을 요청했다.
The manager asked the staff to come in **early**.

[기출표현] be shipped early 일찍 배송되다
an early registration discount 조기 등록 할인

124 ★★★
□ **performance**
□ [퍼ㄹ뿨-ㄹ먼(스)]
□

[명] 실적, 성과; 수행; 공연, 연주

perform [동] 수행하다; 공연하다
performer [명] 연주자, 연기자

로런스 씨는 그녀의 업무 **performance**로 상을 받았다.
Ms. Lawrence was awarded a prize for her job **performance**.

[기출표현] job performance 업무 실적[성과]
a musical performance 음악 공연
perform an analysis 분석을 수행하다

125 ★★

□□□ **join** [줘인]

[동] 가입하다, 함께 하다; 연결하다

joint [형] 공동의, 합동의

우리는 직원들에게 체력 단련 프로그램에 **join**하라고 권장합니다.
We encourage employees to **join** the fitness program.

[기출표현] join a team[meeting] 팀[회의]에 합류하다
a joint venture 합작 투자 사업

126 ★★★

□□□ **serve** [써-ㄹ(브)]

[동] 근무하다; (서비스를) 제공하다; (음식을) 내다

service [동] 점검[정비]하다
[명] 서비스; 근무

존슨 씨는 10년 동안 영업 관리자로 **serve**했다.
Mr. Johnson **served** as sales manager for ten years.

[기출표현] serve as ~로서 근무하다, ~의 역할을 하다
be served with (음식이) ~와 함께 나오다
serve the western region 서부 지역에 서비스를 제공하다
be serviced once a year 일 년에 한 번씩 점검되다

127 ★★

□□□ **assistant** [어씨스턴(트)]

[명] 보조, 조수

436 assist [동] 돕다
assistance [명] 도움, 원조

후앙 씨는 다우티 디자인 사에 행정 **assistant**로 합류했다.
Ms. Huang joined Dowty Designs as an administrative **assistant**.

[기출표현] hire an office assistant 사무 보조원을 고용하다
request assistance from staff 직원에게 도움을 요청하다

출제 포인트
assistant vs. assistance
사람 명사인 assistant와 추상 명사인 assistance(도움)를 구별하여 문맥에 적합한 명사를 고르는 문제로 출제된다. assistant는 셀 수 있는 명사, assistance는 셀 수 없는 명사라는 차이점도 기억하자.
be forwarded to his (**assistant**/~~assistance~~)
그의 조수에게 보내지다
provide (~~assistant~~/**assistance**) to customers
고객들에게 도움을 제공하다

128 ★★★

□ □ □

supervisor

[수-퍼봐이저ㄹ]

[명] 감독관, 관리자

supervise [동] 감독[관리]하다
supervision [명] 감독, 관리

그 **supervisor**는 팀의 각 직원에게 서로 다른 업무를 주었다.
The **supervisor** gave each employee on the team a different task.

[기출표현] a direct supervisor 직속 상사
supervise a team 팀을 관리하다

129 ★★★

□ □ □

transfer

[트랜스뿨-ㄹ]
[트랜스**뿨**-ㄹ]

[동] 이동[전근]하다, 옮기다
[명] 이동, 전근; 환승; 송금

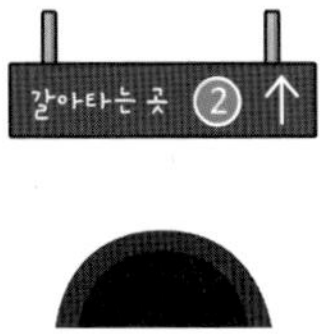

밀러 씨는 도쿄에 있는 지점으로 **transfer**하고 싶어 한다.
Mr. Miller wants to **transfer** to the branch in Tokyo.

[기출표현] be transferred to ~로 발령이 나다, ~로 옮겨지다
request a transfer 전근을 요청하다

130 ★★

□ □ □

outstanding

[아웃스땐딩]

[형] 뛰어난; 중요한; 미지불의

196
[유] exceptional 탁월한
[유] unpaid 미납의

outstanding한 직원들에게 보너스가 지급될 것이다.
Bonuses will be given to **outstanding** workers.

출제 포인트
토익에서 outstanding은 '뛰어난'이라는 의미 외에 '미지불의'라는 의미로도 자주 쓰인다는 것을 기억하자. '뛰어난'의 의미로 쓰이면 exceptional(탁월한)과 같은 의미이고, '미지불의'의 의미로 쓰이면 unpaid(미납의)와 같은 의미이다.
outstanding[exceptional] services 뛰어난 서비스
outstanding[unpaid] debts 미불 채무

131 ★★★

□ □ □

evaluate

[이**밸**류에이(트)]

[동] 평가하다

evaluation [명] 평가
evaluator [명] 평가자
145
[유] assess 평가하다

팀장은 분기마다 직원들의 성과를 **evaluate**한다.
The team leader **evaluates** the staff's performance every quarter.

[기출표현] evaluate the ability 능력을 평가하다
an evaluation form 평가지

132 ★★
□□□ **greatly** [그레잍리]

[부] 대단히, 크게

great [형] 큰, 많은

일일 업무는 직무마다 **greatly**하게 다릅니다.
Daily tasks differ **greatly** from one job to another.

[기출표현] greatly improve the quality 품질을 크게 향상시키다
be greatly pleased[honored, appreciated]
대단히 기쁘다[명예롭다, 감사하다]
make a great addition to ~에 크게 보탬이 되다

133 ★★
□□□ **recognize** [뤠커(그)나이(즈)]

[동] 인정하다, 표창하다; 알아보다

recognition [명] 인정; 인식
recognizable
[형] 쉽게 알아볼 수 있는

사카모토 씨는 우수한 디자인 기술로 **recognize**받았다.
Mr. Sakamoto was **recognized** for his superior design skills.

[기출표현] in recognition of ~을 인정하여

134 ★★
□□□ **achievement** [어취입먼(트)]

[명] 성취, 달성; 업적

044 achieve [동] 달성[성취]하다

인사팀은 회사의 **achievement**를 축하하는 파티를 준비했다.
The HR team organized a party to celebrate the company's **achievement**.

[기출표현] a certificate of achievement 수료 인증서
outstanding achievement 뛰어난 업적

135 ★★
□□□ **retire** [뤼타이어ㄹ]

[동] 은퇴[퇴직]하다

retirement [명] 은퇴, 퇴직

마차도 씨는 파커 사의 이사직에서 **retire**했다.
Mr. Machado **retired** from his executive position at Parker Co.

[기출표현] a retired executive 퇴직한 이사
a retirement party 퇴직 기념 파티

136 ★★
☐
☐ **confident**
☐ [칸-쀠던(트)]

ⓗ 확신하는, 자신이 있는

confidence ⓝ 신뢰, 자신
confidently ⓟ 자신 있게

그 관리자는 팀원들이 함께 일을 잘할 거라고 **confident**한다.
The supervisor is **confident** that the team members will work well
together.

> 기출표현 be confident that절[of] ~라고[~에 대해] 확신하다
> be confident in ~에 대해 자신만만하다
> consumer confidence 소비자 신뢰

137 ★★
☐
☐ **search**
☐ [써-ㄹ취]

ⓥ 찾아보다, 검색하다
ⓝ 찾기, 검색

ⓤ look up 찾아보다

회사 인명록에서 내선 번호를 **search**하실 수 있습니다.
You can **search** for extension numbers in the company directory.

> 기출표현 search for job opportunities 취업 기회를 찾아보다
> in search of ~을 찾아서

138 ★★
☐
☐ **dedicated**
☐ [데디케이티(드)]

ⓗ 전념하는, 헌신적인

dedicate ⓥ 전념[헌신]하다
dedication ⓝ 전념, 헌신
ⓤ committed 헌신적인
ⓤ devoted 헌신적인

캠든 사는 직원들에게 지속적인 지원을 제공하는 일에
dedicated한다.
Camden Co. is **dedicated** to providing ongoing support to staff.

> 기출표현 a dedicated employee 헌신적인 직원
> be dedicated to ~에 전념[헌신]하다
> dedication to the customer service 고객 서비스에의 전념

139 ★★
☐
☐ **valuable**
☐ [뱰류어블]

ⓗ 귀중한, 가치가 큰
ⓝ 귀중품

value ⓥ 평가하다
　　　ⓝ 가치, 값
valued ⓗ 소중한
ⓤ invaluable 매우 귀중한

로맥스 씨는 위원회에 **valuable**한 기여를 했습니다.
Mr. Lomax made a **valuable** contribution to the committee.

> 기출표현 be a valuable asset to the team 팀에 귀중한 자산이다
> put valuables in a safe place 귀중품을 안전한 장소에 두다
> for valued customers 소중한 고객을 위해

60

140 ★
☐ **headquarters**
☐ [헤드쿼-ㄹ터ㄹ(즈)]
☐ [헤드쿼-ㄹ터ㄹ(즈)]

(명) 본사, 본부

(유) main office 본사
(반) branch 지점

지점 직원들은 **headquarters**로의 전근을 요청할 수 있다.
Employees in branches can request a transfer to the **headquarters**.

기출표현 relocate[move] the headquarters 본사를 이전하다

141 ★★
☐ **appoint**
☐ [어**포**인(트)]

(동) 임명하다, 정하다

034 **appointment** (명) 임명; 약속

그 회사의 사장은 라모스 씨를 영업부장으로 **appoint**했다.
The company's president **appointed** Ms. Ramos as head of sales.

기출표현 appoint A (as[to]) B A를 B로[B에] 임명하다

> **출제 포인트**
> **appointed vs. appointing**
> 동사 appoint의 분사형이 사람 명사를 수식하는 형용사 역할로 쓰일 때
> 는 과거분사 appointed(임명된)를 쓴다는 것을 기억하자.
> a newly (**appointed**/~~appointing~~) director 새로 임명된 임원

142 ★★
☐ **involve**
☐ [인**봘**-(브)]

(동) 포함하다; 관련시키다

involvement (명) 관련, 개입

곧 있을 구조 조정은 직원 이동을 일부 **involve**할 것이다.
The upcoming restructuring will **involve** some staff transfers.

기출표현 be involved in ~에 관련되다
involvement as a volunteer 자원봉사자로서의 참여

143 ★★
☐ **nomination**
☐ [나-미**네**이션]

(명) (후보) 지명, 추천

nominate (동) 지명[추천]하다
nominee (명) 후보

펠튼 씨는 올해의 직원상에 **nomination**을 받았다.
Ms. Felton earned the **nomination** for Employee of the Year.

기출표현 earn[receive] a nomination (후보) 지명을 받다

144 ★★

suitable

[수-터블]

[형] 적합한, 적절한

suit [동] 맞다

[유] fit 적합한

이 관리직은 배슬 씨의 경력에 **suitable**하다.
This managerial role is **suitable** for Mr. Bassel's career.

[기출표현] be suitable for ~에 적합하다
be well suited to[for] ~에 잘 맞다

출제 포인트
Part 7의 동의어 문제로 출제된다. '적합한'의 의미로 쓰이면 fit 또는 right와 바꿔쓸 수 있다.
The option is **suitable**[**fit**, **right**] for you.
그 옵션이 고객님께 적합합니다.

145 ★★

assess

[어쎄스]

[동] 평가하다; 부과하다

assessment [명] 평가

131
[유] evaluate 평가하다

관리자들은 프로젝트 내내 인턴들의 업무를 **assess**할 것이다.
Managers will **assess** the interns' work throughout the project.

[기출표현] assess the quality 품질을 평가하다
be assessed a fee 수수료가 부과되다
performance assessment 실적 평가

146 ★

competent

[캄-피턴(트)]

[형] 유능한, 능숙한

competently [부] 충분히, 훌륭하게

보스턴 은행은 **competent**한 직원을 유지하려고 노력한다.
Boston Bank works hard to retain **competent** employees.

[기출표현] work with a competent team 유능한 팀과 일하다
fulfill a role competently 훌륭하게 역할을 다하다

147 ★
□□□
deserve
[디저-ㄹ(브)]

[동] 자격이 있다, 받을 만하다

deserved [형] 응당한

한 씨의 매출액이 높기 때문에 그가 승진에 **deserve**하다.
Mr. Han **deserves** the promotion because of his high sales figures.

[기출표현] deserve to *do* ~할 자격이 있다

148 ★
□□□
remarkable
[뤼마-ㄹ커블]

[형] 놀랄 만한, 주목할 만한

remark [동] 말하다
[명] 발언, 말
remarkably [부] 놀라울 정도로

대표이사의 훌륭한 통솔력이 **remarkable**한 성공을 낳았다.
The CEO's great leadership resulted in **remarkable** success.

[기출표현] have a remarkable ability 놀랄 만한 능력을 가지다
give introductory remarks 개회사를 하다
a remarkably stylish jacket 놀라울 정도로 멋진 재킷

149 ★
□□□
devote
[디보우트]

[동] (노력·시간·돈 등을) 바치다, 쏟다

devoted [형] 헌신적인
[유] dedicate 전념[헌신]하다

그 워크숍에서는 팀의 생산성을 향상시키는 것에 충분한 시간을 **devote**한다.
The workshop **devotes** enough time to increasing team productivity.

[기출표현] devote A to B A를 B에 바치다
be devoted to ~에 헌신적이다

150 ★
□□□
knowledgeable
[날-리줘블]

[형] 많이 아는, 아는 것이 많은

knowledge [명] 지식
[유] well-informed 박식한

리스 씨는 팀원들의 강점에 대해 **knowledgeable**하다.
Ms. Reese is **knowledgeable** about her team members' strengths.

[기출표현] be knowledgeable about ~에 대해 많이[잘] 알다
have extensive knowledge 폭넓은 지식을 가지고 있다

Part 1

공사·작업 묘사 필수 어휘

공사나 작업 사진에서 볼 수 있는 사물과 인물의 상태 및 동작 묘사에 집중하여 아래 어휘와 예문을 들어보세요.

■ **work on** ~을 작업하다

The man is **working on** a machine.
남자가 기계 작업을 하고 있다.

■ **repair** 수리하다; 수리

Some workers are **repairing** a walkway.
몇몇 작업자가 보도를 수리하는 중이다.

■ **install** 설치하다

A window is being **installed**.
창문이 설치되고 있다.

■ **assemble** 조립하다

They are **assembling** some shelves.
사람들이 선반을 조립하는 중이다.

■ **load** (짐을) 싣다; 짐

He is **loading** a vehicle with boxes.
남자가 차량에 박스들을 싣는 중이다.

■ **wear** 입다, 착용하다

They are **wearing** helmets.
사람들이 헬멧을 쓰고 있다.

■ **railing** 난간, 철책

One of the men is installing a **railing**.
남자들 중 한 명이 난간을 설치하는 중이다.

■ **light** 조명, 등

A **light** is hanging from the ceiling.
조명이 천장에 매달려 있다.

■ **wheelbarrow** 외바퀴 손수레

The worker is pushing a **wheelbarrow**.
작업자가 외바퀴 손수레를 미는 중이다.

■ **stack** 쌓다; 무더기

Some boxes are **stacked** against a wall.
몇몇 박스가 벽에 기대어 쌓여 있다.

■ **safety** 안전

A man is wearing **safety** glasses.
남자가 보안경을 쓰고 있다.

■ **fix** 고치다

A door is being **fixed**.
문이 고쳐지고 있다.

■ **equipment** 장비

Some laboratory **equipment** is being operated.
몇몇 실험실 장비가 작동되는 중이다.

■ **sign** 표지판, 신호; 서명하다

Some people are setting up a road **sign**.
몇몇 사람들이 도로 표지판을 설치하는 중이다.

Check Up!

A 다음 영어 단어와 알맞은 뜻을 바르게 연결해보세요.

01 appoint •
02 award •
03 recognize •
04 remarkable •
05 assistant •

• ⓐ 상, 상금; 수여하다
• ⓑ 보조, 조수
• ⓒ 놀랄 만한, 주목할 만한
• ⓓ 임명하다, 정하다
• ⓔ 인정하다; 알아보다

B 문맥에 맞는 어휘를 골라 빈칸을 채우세요.

06 로런스 씨는 그녀의 업무 _____로 상을 받았다.

07 한 씨의 매출액이 높기 때문에 그가 승진에 _____하다.

08 우리는 직원들에게 체력 단련 프로그램에 _____하라고 권장합니다.

09 지점 직원들은 _____로의 전근을 요청할 수 있다.

ⓐ deserve ⓑ performance ⓒ join ⓓ headquarters ⓔ search

C 빈칸에 들어갈 알맞은 어휘를 고르세요.

10 The newly hired tax accountant will be a ------- asset to the team.
ⓐ value
ⓑ valuable

11 Mr. Yates is ------- for the role of team leader.
ⓐ suitable
ⓑ competent

12 It is unnecessary to reserve a seat ------- for the new employee orientation.
ⓐ greatly
ⓑ early

01 ⓓ 02 ⓐ 03 ⓔ 04 ⓒ 05 ⓑ 06 ⓑ 07 ⓐ 08 ⓒ 09 ⓓ 10 ⓑ 11 ⓐ 12 ⓑ

01 Ms. Holt was ------- recommended for the job because of her negotiation skills.

(A) carefully
(B) highly
(C) briefly
(D) early

04 New clients should return the signed contract as ------- as possible.

(A) quickness
(B) quick
(C) quickly
(D) quicker

02 Northwest Furniture held an online sale to ------- its profits for the third quarter.

(A) depend
(B) increase
(C) authorize
(D) assess

05 Ms. Simpson will ------- the information on the advertisement and then send it to the newspaper.

(A) review
(B) recruit
(C) prefer
(D) appoint

03 Please submit the ------- documents to the HR office by August 1.

(A) profitable
(B) confident
(C) relevant
(D) valuable

06 There is usually a drop in ------- for winter coats at Cruise Clothing after the holiday season.

(A) decision
(B) achievement
(C) demand
(D) focus

07 Mr. Wetzel had to ------- the press release because it contained several errors.

(A) revise
(B) fill
(C) indicate
(D) join

08 It is ------- for employees to take more than one week of vacation with a supervisor's approval.

(A) outstanding
(B) qualified
(C) knowledgeable
(D) possible

09 Two years of experience is a ------- for the sales position at Clement Inc.

(A) candidate
(B) promotion
(C) nomination
(D) requirement

10 Applicants should send their résumés ------- to Coleman Manufacturing, not to the recruiter.

(A) director
(B) directly
(C) directs
(D) directness

11 Benson Accounting ------- hired a part-time IT technician to set up the new database.

(A) especially
(B) recently
(C) greatly
(D) consistently

12 The new appliances factory will ------- nearly one hundred jobs for Norwood residents.

(A) create
(B) approve
(C) devote
(D) discuss

어제 어휘 확인하기

● 어제 학습한 어휘를 얼마나 기억하고 있는지 확인하세요.

인사

- ▓ outstanding
- ▓ valuable
- ▓ award
- ▓ assess
- ▓ headquarters
- ▓ transfer
- ▓ knowledgeable
- ▓ confident
- ▓ devote
- ▓ join
- ▓ evaluate
- ▓ greatly
- ▓ early
- ▓ serve
- ▓ recognize

- ▓ achievement
- ▓ competent
- ▓ nomination
- ▓ recently
- ▓ suitable
- ▓ retire
- ▓ deserve
- ▓ appoint
- ▓ remarkable
- ▓ involve
- ▓ supervisor
- ▓ performance
- ▓ search
- ▓ assistant
- ▓ dedicated

암기한 어휘 개수 _____ / 30

사원 복지

● 오늘 학습할 어휘를 그림과 함께 살펴볼까요?

provide
제공하다

consider
고려[숙고]하다

leave
떠나다

benefit
복지 (혜택)

select
선택하다

encourage
권장하다; 격려하다

earn
(돈을) 벌다

enhance
높이다

exceed
초과하다

entitle
자격을 주다

separately
따로

normally
보통(은); 정상적으로

단어와 의미를 먼저 암기하세요.

151 ★★★
□□□ **provide** [프뤄**봐**이(드)]

[동] 제공[공급]하다

provider [명] 공급업체
provision [명] 공급; 조항

회사에서 당신에게 직원용 주차권을 **provide**할 것입니다.
The company will **provide** you with a staff parking pass.

[기출표현] provide A with B(= provide B to[for] A) A에게 B를 제공하다
provide a full refund 전액 환불을 제공하다

152 ★★★
□□□ **include** [인클**루**-(드)]

[동] 포함하다

inclusion [명] 포함
including [전] ~을 포함하여
[반] exclude 제외하다

우리 직원 복지 제도는 의료 보험을 **include**합니다.
Our employee welfare system **includes** medical insurance.

[기출표현] The price includes tax. 가격은 세금을 포함하고 있다.
include *doing* ~하는 것을 포함하다
be included in[with] ~에 포함되다

153 ★★★
□□□ **require** [뤼쿠**와**이어ㄹ]

[동] 필요[요구]하다

021 requirement [명] 필요 (조건)
244 request [동] 요청하다 [명] 요청
091 [유] need 필요로 하다

직원들의 보너스는 인사팀장의 승인을 **require**한다.
Bonuses for employees **require** the HR manager's approval.

[기출표현] require A to *do* A에게 ~하라고 요구하다
be required to *do* ~하라고 요구되다

154 ★★★
□□□ **consider** [컨**씨**더ㄹ]

[동] 고려[숙고]하다; (~라고) 여기다

consideration [명] 고려, 숙고
considerate [형] 사려 깊은
considering [전] ~을 고려하면

팩스턴 사는 직원들의 재택근무 허용을 **consider**하는 중이다.
Paxton Co. is **considering** allowing employees to work from home.

[기출표현] consider *doing* ~하는 것을 고려하다
after careful consideration 심사숙고한 뒤에

155 ★★★
□
□ **until**
□ [언틸]

윤 till ~ (때)까지

전 접 ~ (때)까지

올해의 휴가는 12월 31일 **until** 쓸 수 있다.
This year's vacation days can be used **until** December 31.

> **출제 포인트**
> until은 전치사로만이 아니라 접속사로도 자주 출제된다. 전치사 until
> 뒤에는 명사(구)가 오는 반면, 접속사 뒤에는 〈주어+동사〉를 갖춘 절이
> 온다는 것을 기억하자.
> The meeting will not begin **until** the CEO's arrival. (전치사)
> The meeting will not begin **until** the CEO arrives. (접속사)
> 회의는 대표이사가 도착할 때까지 시작하지 않을 것이다.

156 ★★★
□
□ **financial**
□ [빠이낸셜]

finance 동 자금을 대다
　　　　명 재무; 자금
financially 부 재정적으로

형 금융[재정]의, 금전적인

직원들은 직장 때문에 한 이사에 대해 **financial**한 지원을 받을 수
있다.
Employees can receive **financial** assistance for relocating for work.

기출표현 decide to finance studies　연구에 자금을 대기로 결정하다
　　　　 be financially successful　재정적으로 성공하다

157 ★★★
□
□ **leave**
□ [리-(브)]

동 떠나다, 출발하다; 두다, 남기다
명 휴가

직원들은 휴일 전날에 사무실에서 일찍 **leave**할 수 있다.
Staff can **leave** the office early on the day before a holiday.

기출표현 leave for an appointment　약속 때문에 떠나다
　　　　 leave a message　메시지를 남기다
　　　　 sick leave　병가

158 ★★★

support
[써포-ㄹ(트)]

[명] 지원, 지지
[동] 지원[지지]하다

supporter [명] 지지자, 후원자
supportive [형] 지원하는

브라이언트 주식회사는 새로운 직업 기술을 쌓기 위한 **support**를 제공한다.
Bryant Inc. gives **support** for building new career skills.

[기출표현] offer technical support 기술 지원을 제공하다
support a fundraising campaign 모금 캠페인을 지지하다

159 ★★★

benefit
[베니삐(트)]

[명] 복지 (혜택), 복리 후생; 혜택, 이득
[동] 이익을 얻다; 유익[유용]하다

beneficial [형] 유익한, 이로운
[유] advantage[163] 이점, 유리한 점
[반] drawback 결점

직원들은 회사의 풍족한 **benefits** 제도에 만족한다.
The employees are satisfied with the company's generous **benefits** package.

[기출표현] a benefits package 복리 후생 제도
benefit from ~로부터 이익을 얻다
the beneficial aspect of ~의 유익한 측면

160 ★★

payroll
[페이뤄울]

[명] 급여액; 급여 지급 (업무)

pay [동] 지불하다, 내다
[명] 급여

payroll 지급은 매달 1일에 이루어진다.
Payroll payments are made on the first of every month.

[기출표현] payroll procedures 급여 지급 절차

161 ★★★

select
[씰렉(트)]

[동] 선택[선발]하다
[형] 선택된, 엄선된

268 selection [명] 선택, 선발
selected [형] 엄선된

[유] choose 선택하다

직원들은 휴가 날짜를 2주 전에 **select**해야 한다.
Employees should **select** their vacation days two weeks in advance.

[기출표현] select a candidate to interview 면접할 지원자를 선발하다
the selected provider 엄선된 공급업체

162 ★★★

□
□ **cover**
□ [커붜ㄹ]

ⓢ (비용을) 대다; 다루다; 덮다
ⓜ 덮개; (책의) 표지

595 coverage ⓜ 보장 (범위); 보도

라이언 세일즈 사는 학회에서 직원들을 위해 쓰인 모든 비용을 **cover**한다.
Ryan Sales **covers** all expenses for employees at the conference.

기출표현 cover expenses 비용을 대다
cover reports about ~에 관한 기사를 다루다

출제 포인트
Part 7의 동의어 문제로 출제된다. '(비용을) 대다'라는 의미일 때에는 pay로, '다루다'라는 의미일 때에는 address로 바꿔쓸 수 있다.
be **covered** by[**paid** with] a deposit 보증금에서 지불되다
cover[**address**] some issues 몇몇 사안들을 다루다

163 ★★

□
□ **advantage**
□ [어(드)뺀티쥐]

ⓜ 이점, 유리한 점

159
ⓤ benefit 이득
ⓐ disadvantage 약점, 불리한 점

상급 직원은 더 많은 유급 휴가를 받는다는 **advantage**가 있다.
Senior staff have the **advantage** of receiving more paid holidays.

기출표현 take advantage of ~을 이용하다
hold an advantage 우위를 점하다[이점이 있다]

164 ★★

□
□ **encourage**
□ [인커-뤼쥐]

ⓢ 권장[장려]하다; 격려하다

encouraging ⓐ 고무적인

ⓐ discourage 막다, 말리다

모든 사람이 퇴직연금에 가입하도록 **encourage**된다.
Everyone is **encouraged** to enroll in the retirement savings plan.

기출표현 encourage A to do A에게 ~하도록 권장하다
be encouraged to do ~하도록 권장되다

competitive
[컴페터티(브)]

(형) 경쟁력 있는; 경쟁적인

compete (동) 경쟁하다
competitor (명) 경쟁자, 경쟁사
competition (명) 대회; 경쟁

우리 신입 사원은 **competitive**한 급여를 제안받았습니다.
Our new employee was offered a **competitive** salary.

기출표현 competitive prices 경쟁력 있는 가격
compete with ~와 경쟁하다
a finalist in the competition 대회의 결승 진출자

intend
[인텐(드)]

(동) 의도하다

intention (명) 의도, 목적
intentional (형) 의도적인
intentionally (부) 의도적으로

그 휴게실은 관리자와 임원만을 대상으로 **intend**되었다.
The lounge is **intended** for managers and executives only.

기출표현 be intended to *do* ~하도록 의도되다
the intention to *do* ~하려는 의도
be intentionally designed for 의도적으로 ~을 위해 고안되다

earn
[어ㄹ언]

(동) (돈을) 벌다; 얻다, 받다

earnings (명) 소득, 수익

베이커 씨는 승진 후에 연간 5천 달러를 추가로 **earn**했다.
Mr. Baker **earned** an extra $5,000 annually after his promotion.

기출표현 earn a reputation 명성을 얻다
earn a degree[certificate] 학위[자격증]를 받다
projected[record-high] earnings 예상된[사상 최고의] 수익

notify
[노우티빠이]

(동) 알리다, 통지하다

427 notice (명) 안내문
notification (명) 알림, 통지
423
(유) inform 알리다

보너스 지급이 누락된 경우가 있으면 재무팀에 **notify**해주세요.
Please **notify** the finance team of any missed bonus payments.

기출표현 notify A that절[of] A에게 ~라고[~에 관해] 알리다
be notified of ~에 관해 듣다
without written notification 서면 통지 없이

169 ★
☐
☐ **incentive**
☐ [인쎈티(브)]

몡 장려(금), 유인(책)

데이턴 스위츠 사는 영업 직원에게 **incentive**를 제공한다.
Dayton Sweets offers **incentives** to sales staff.

기출표현 an employee incentive program 직원 장려 정책
tax incentives 세제 혜택[우대]

170 ★★
☐
☐ **enhance**
☐ [인핸(스)]

동 높이다, 향상시키다

enhancement 몡 향상, 개선
enhanced 톙 향상된
368
유 improve 개선하다

유연한 근무 일정이 팀의 생산성을 **enhance**했다.
The flexible work schedule **enhanced** the team's productivity.

기출표현 enhance the customer experience 고객 경험을 향상시키다
an enhanced auditory system 향상된 음향 시스템

171 ★★
☐
☐ **explain**
☐ [익스쁠레인]

동 설명하다

explanation 몡 설명

직원 규정집에 휴가 정책이 **explain**되어 있다.
The employee handbook **explains** the vacation policy.

기출표현 explain a change[problem] 변화[문제]를 설명하다
provide a clear explanation 명확한 설명을 제공하다

172 ★★
☐
☐ **exceed**
☐ [익씨-(드)]

동 초과하다, 넘다

excessive 톙 과도한
excessively 児 지나치게

유 surpass 뛰어넘다

직원들의 근무 시간은 일주일에 50시간을 **exceed**하면 안 된다.
Employees' working hours should not **exceed** fifty hours per week.

> **출제 포인트**
> 〈동사＋명사〉 콜로케이션에서 동사 어휘를 묻는 문제로 출제된다. 함께
> 어울려 쓰이는 명사 expectation(기대), needs(요구)와 함께 한 단어
> 처럼 기억하자.
> **exceed** expectations 기대를 넘어서다
> **exceed** the customers' needs 고객의 요구를 넘어서다

173 ★

reimbursement [명] 상환(액), 변제

[뤼임버-ㄹ스먼(트)]

reimburse [동] 배상[변제]하다

[유] compensation 보상(금) 321

출장과 관련된 비용에 대해 **reimbursement**를 요청해도 됩니다.
You can request **reimbursement** for expenses related to your business trip.

[기출표현] request reimbursement for ~에 대해 상환을 요청하다
be reimbursed for ~에 대해서 배상받다

174 ★

relatively [부] 상대적으로, 비교적

[뤨러팁(을)리]

relate [동] 관련되다, 관련짓다
relative [형] 상대적인; 관계있는
[명] 친척
related [형] 관련된

급여가 이 분야치곤 **relatively**하게 높다.
Wages are **relatively** high for this field.

[기출표현] be relatively inexpensive 상대적으로 저렴하다
be related to ~와 관계가 있다
experience in a related field 관련 분야에서의 경력

175 ★★

influence [동] 영향을 미치다 [명] 영향(력)

[인쁠루언(스)]

[유] affect 영향을 미치다 113

그 지원자의 결정은 초임에 **influence**받았다.
The applicant's decision was **influenced** by the starting salary.

[기출표현] be influenced by ~의 영향을 받다
have a positive[negative] influence on
~에 긍정적인[부정적인] 영향을 미치다

176 ★

entitle [동] 자격[권리]을 주다; 제목을 붙이다

[인타이틀]

직원들은 1년에 병가 3일이 **entitle**된다.
Staff members are **entitled** to three sick days per year.

출제 포인트
동사 entitle은 흔히 수동태로 쓰여 be entitled to의 형태로 출제된다.
to 뒤에 주로 명사가 나오나 동사원형도 올 수 있다는 점을 기억하자.
be entitled to refunds 환불 자격이 있다
be entitled to win the award 상을 탈 자격이 되다

177 ★★★
□□□ **separately** [쎄퍼뤗(틀)리]

[부] 따로, 별도로

296 separate [동] 분리되다
[형] 분리된, 별도의

영업 보너스는 월급과 **separately**하게 지급된다.
Sales bonuses are paid **separately** from monthly salaries.

[기출표현] be shipped[mailed] separately 별도로 배송[발송]되다

178 ★
□□□ **aspect** [애스뻭(트)]

[명] 측면; 양상

개인 사무실이 이곳에서 일하는 것의 긍정적인 **aspect**이다.
The private offices are a positive **aspect** of working here.

[기출표현] a practical aspect of an analysis 분석의 실용적 측면
oversee all aspects of ~의 모든 측면을 감독하다

179 ★
□□□ **normally** [노-ㄹ멀리]

[부] 보통(은); 정상적으로

normal [형] 보통의; 정상의
342
[유] usually 보통, 대개

영업자들은 **normally** 영업을 위한 방문에 회사 차를 사용한다.
Salespeople **normally** use company cars for sales calls.

[기출표현] normally work eight hours a day 보통 하루에 8시간 일하다
normal working[business] hours 정상 근무[영업]시간

180 ★
□□□ **eager** [이-거ㄹ]

[형] 열의가 넘치는, 열렬한

eagerly [부] 열심히, 간절히

경영진은 작업 환경을 개선하는 데에 **eager**하다.
Management is **eager** to improve the working environment.

[기출표현] be eager to *do* ~하는 데에 열의가 넘치다
eagerly await 간절히 기다리다

Part 1

일상생활 묘사 필수 어휘

일상생활 사진에서 볼 수 있는 사물과 인물의 상태 및 동작 묘사에 집중하여 아래 어휘와 예문을 들어보세요.

■ **put** 넣다, 두다, 놓다

A man is **putting** items in a bag.
남자가 가방에 물건들을 넣는 중이다.

■ **plant** 식물; 심다

A man is watering a **plant**.
남자가 식물에 물을 주고 있다.

■ **dock** 부두; 부두에 대다

She is walking toward a **dock**.
여자가 부두 쪽으로 걸어가고 있다.

■ **hang** 걸다, 매달다

She is **hanging** up a coat.
여자가 코트를 거는 중이다.

■ **remove** 벗다, 제거하다

He is **removing** his gloves.
남자가 장갑을 벗는 중이다.

■ **climb** 오르다, 올라가다

They are **climbing** some stairs.
사람들이 계단을 오르는 중이다.

■ **pick up** 집다, 들어 올리다

One of the women is **picking up** some luggage.
여자들 중 한 명이 짐을 들어 올리는 중이다.

■ **furniture** 가구

Some **furniture** is being carried outside.
어떤 가구가 밖으로 옮겨지는 중이다.

■ **pack** (짐을) 싸다, 포장하다

A woman is **packing** her suitcase.
여자가 여행 가방을 싸는 중이다.

■ **picture** 그림

Some **pictures** have been hung on a wall.
몇몇 그림이 벽에 걸려 있다.

■ **take off** 벗다

He is **taking off** a pair of glasses.
남자가 안경을 벗는 중이다.

■ **kneel** 무릎을 꿇다

She is **kneeling** on the floor.
여자가 바닥에 무릎을 꿇고 있다.

■ **be located** 위치해 있다

Some buildings **are located** near a park.
몇몇 건물이 공원 근처에 위치해 있다.

■ **adjust** 맞추다, 조정하다

A woman is **adjusting** some shelves.
여자가 몇몇 선반을 맞추는 중이다.

Check Up!

A 다음 영어 단어와 알맞은 뜻을 바르게 연결해보세요.

01 normally •   • ⓐ 보통(은); 정상적으로

02 intend •   • ⓑ 설명하다

03 explain •   • ⓒ 측면; 양상

04 aspect •   • ⓓ 의도하다

05 influence •   • ⓔ 영향을 미치다; 영향(력)

B 문맥에 맞는 어휘를 골라 빈칸을 채우세요.

06 _____ 지급은 매달 1일에 이루어진다.

07 팩스턴 사는 직원들의 재택근무 허용을 _____하는 중이다.

08 영업 보너스는 월급과 _____하게 지급된다.

09 경영진은 작업 환경을 개선하는 데에 _____하다.

> ⓐ eager   ⓑ separately   ⓒ payroll   ⓓ select   ⓔ consider

C 빈칸에 들어갈 알맞은 어휘를 고르세요.

10 Cornell Co. ------- expectations in terms of employee benefits.
    ⓐ notifies   ⓑ exceeds

11 The IT team offers rapid technical ------- to all employees.
    ⓐ support   ⓑ incentive

12 Employees are ------- to confirm their vacation days with a manager.
    ⓐ required   ⓑ covered

01 ⓐ 02 ⓓ 03 ⓑ 04 ⓒ 05 ⓔ 06 ⓒ 07 ⓔ 08 ⓑ 09 ⓐ 10 ⓑ 11 ⓐ 12 ⓐ

79

어제 어휘 확인하기

● 어제 학습한 어휘를 얼마나 기억하고 있는지 확인하세요.

사원 복지

- include
- leave
- separately
- competitive
- cover
- require
- aspect
- benefit
- notify
- intend
- consider
- exceed
- entitle
- advantage
- influence

- provide
- incentive
- relatively
- financial
- explain
- select
- reimbursement
- support
- until
- encourage
- eager
- enhance
- earn
- payroll
- normally

암기한 어휘 개수 _____ / 30

DAY 07

교육·행사

● 오늘 학습할 어휘를 그림과 함께 살펴볼까요?

conference
회의, 학술 대회

present
수여하다

registration
등록

reception
축하 연회; 접수처

practice
연습(하다)

expert
전문가

exceptional
탁월한

recipient
수령인

celebrate
기념하다

anniversary
기념일

informative
유익한

represent
대표하다

181 ★★
□
□ **conference**
□ [컨-뻐뤈(스)]

ⓜ 회의, 학술 대회

ⓤ meeting 회의

국제만화학회

딕슨 씨는 기자 대상의 연례 **conference**에 참석할 것이다.
Ms. Dixon will attend an annual **conference** for journalists.

[기출표현] attend a conference 회의[학술 대회]에 참석하다
a press conference 기자 회견

182 ★★★
□
□ **once**
□ [원(스)]

ⓑ 한 번; 언젠가
ⓒ 일단 ~하면, ~하자마자

가끔가다 **once**씩, 그 팀은 마케팅 워크숍을 한다.
Once in a while, the team has a workshop for marketing.

[기출표현] once in a while 가끔가다 한 번씩
once a year[month] 1년[한 달]에 한 번
once the proposal is approved 일단 그 제안이 승인되면

183 ★★★
□
□ **hold**
□ [호울(드)]

ⓓ (행사 등을) 열다, 개최하다; 보유하다
ⓜ 잡기; 억제

holder ⓜ 소유자
holdings ⓜ 재산

레드먼드 미술관이 토요일에 모금 행사를 **hold**할 것이다.
Redmond Art Museum will **hold** a fundraising event on Saturday.

[기출표현] be held annually (행사 등이) 매년 열리다
hold *one's* belongings ~의 소유물을 보유하다
on hold 보류된, 보류 중인

184 ★★
□
□ **professional**
□ [프뤄삐써널]

ⓔ 전문적인, 직업의; 전문가의
ⓜ 전문직 종사자, 전문가

professionalism ⓜ 전문성
profession ⓜ 직업
professionally ⓑ 전문적으로
195
ⓤ expert 전문가의; 전문가

그 초청 연사는 본인의 **professional**한 이력에 관해 이야기했다.
The guest speaker talked about his **professional** career.

[기출표현] a professional technician 전문적인 기술자
industry professionals 업계의 전문가들
differ from other professions 다른 직업들과 다르다

present

185 ★★★

present
동 [프뤼젠(트)]
형 [프뤠즌(트)]

⑧ 수여하다; 제시하다, 보여주다
⑲ 참석한; 현재의

041 presentation ⑲ 발표; 수여
presenter ⑲ 발표자

㊀ give 주다

대표이사가 우수 직원들에게 상을 **present**했다.
The CEO **presented** awards to the best employees.

기출표현 present a valid ID card 유효한 신분증을 제시하다
be present for a vote 투표에 참석하다

---

186 ★★★

participant
[파-ㄹ티씨펀(트)]

⑲ 참가자, 참여자

participate ⑧ 참가[참여]하다
participation ⑲ 참가, 참여

㊀ attendee 참석자

participant들은 워크숍에서 비즈니스 작문에 관해 배울 것이다.
Participants will learn about business writing at the workshop.

기출표현 participate in ~에 참가[참여]하다

> **출제 포인트**
> participant vs. participation
> 사람 명사인 participant와 추상 명사인 participation(참가)을 구별
> 하여 문맥에 적합한 명사를 고르는 문제가 출제된다.
> as one of (**participants**/participation) in a meeting
> 회의 참가자 중 한 사람으로서
> request (participants/**participation**) in a workshop
> 워크숍 참가를 요청하다

---

187 ★★★

registration
[뤠쥐스트뤠이션]

⑲ 등록

register ⑧ 등록하다
registered ⑲ (정식으로) 등록된

㊀ enrollment 등록

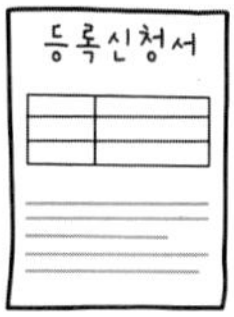

직원 교육 프로그램에의 **registration**은 3월 3일에 마감된다.
Registration for the employee training program closes on March 3.

기출표현 registration for the training 교육 등록
advance registration 사전 등록
register in advance 미리 등록하다

DAY 07

교육 · 행사

등록신청서

188 ★★
☐
☐ **enter**
☐ [엔터ㄹ]

통 참여[참가]하다; 들어가다[오다]; (컴퓨터에) 입력하다

entrance 몡 (출)입구
entry 몡 입장; 출품작

판매원들은 월별 매출 경쟁에 **enter**할 수 있다.
Salespeople can **enter** the monthly sales competition.

기출표현 enter a building 건물에 들어가다
competition entries 대회 출품작

189 ★★
☐
☐ **prior**
☐ [프롸이어ㄹ]

형 ~ 전[앞]에, 사전의

³²⁶priority 몡 우선 순위

공연 **prior**에 연출자가 강연을 할 것이다.
Prior to the show, the director will give a talk.

기출표현 prior to the meeting 회의에 앞서
a prior engagement 선약

190 ★★
☐
☐ **upcoming**
☐ [업커밍]

형 다가오는, 곧 있을

upcoming하는 안전 교육의 준비가 거의 마무리되었다.
Preparations for the **upcoming** safety training are almost finished.

> **출제 포인트**
> upcoming vs. following
> 의미상 유사한 어휘 upcoming과 following(그다음의)의 차이를 구별
> 하여 문맥에 적합한 어휘를 고르는 문제가 출제된다. upcoming은 가
> 까운 미래에 '곧 있을'이라는 의미로 쓰이고, following은 순서상 '그다
> 음의'라는 의미로 쓰인다.
> (**upcoming**/~~following~~) promotions 곧 있을 승진
> (~~upcoming~~/**following**) information 그다음에 나오는 정보

191 ★★
☐
☐ **reception**
☐ [뤼셉션]

명 축하 연회; 접수처

receptionist 몡 접수 담당자

해외 방문객들을 환영하는 **reception**이 있을 예정이다.
There will be a **reception** to welcome the overseas visitors.

기출표현 host a reception 축하 연회를 열다
the reception desk[area] 접수처

192 ★★
□
□ **session**
□ [쎄션]

(명) (특정 활동의) 시간, 기간

신규 직원들은 그 교육 session에 참석하도록 요구된다.
New employees are required to attend the training **session**.

기출표현 a training session 교육 과정[기간]
a question-and-answer session 질의응답 시간

193 ★★
□
□ **practice**
□ [프뢕티(스)]

practical (형) 실용적인

(명) 연습; 실행; 관행
(동) 연습하다

워크숍 참가자들은 고객들을 상대하는 practice를 하게 될 것이다.
The workshop participants will get **practice** dealing with customers.

기출표현 implement best practices 우수 사례를 실행하다
practice public speaking 연설을 연습하다
a practical way 실용적인 방법

194 ★
□
□ **audience**
□ [오-디언(스)]

(명) 청중, 관중

강사가 마지막에 audience에게 질문을 받았다.
The instructor took questions from the **audience** at the end.

195 ★★
□
□ **expert**
□ [엑스뻐-ㄹ(트)]

expertise (명) 전문 지식
184
(유) professional 전문가; 전문적인

(명) 전문가
(형) 전문가의, 숙련된

오늘 밤의 기조연설자는 프로젝트 관리의 expert입니다.
Tonight's keynote speaker is an **expert** in project management.

기출표현 an expert in ~의 전문가
seek expert advice 전문가의 조언을 구하다
expertise in ~에 관한 전문 지식

196 ★★

☐
☐ **exceptional**
☐ [익쎕셔널]

⟨형⟩ 탁월한; 극히 예외적인

exception ⟨명⟩ 예외
exceptionally ⟨부⟩ 특별히, 유난히
except (for) ⟨전⟩ ~을 제외하고

케인 씨는 다른 사람들을 가르치는 **exceptional**한 능력이 있다.
Ms. Kane has an **exceptional** ability to teach other people.

기출표현	with no exception 예외 없이
	everyone[no one] except (for) ~을 제외하고 모두[아무도]

출제 포인트
exceptional vs. exceptionally
수식하는 대상에 따라 알맞은 품사를 고르는 자리 문제로 출제된다.
enjoy (**exceptional**/~~exceptionally~~) food
(형용사: 명사 수식) 탁월한 음식을 즐기다
an (~~exceptional~~/**exceptionally**) talented writer
(부사: 형용사 수식) 특별히 재능이 있는 작가

197 ★★

☐
☐ **organize**
☐ [오-ㄹ거나이(즈)]

⟨동⟩ 준비[조직]하다

492 organization ⟨명⟩ 조직
organizer ⟨명⟩ 주최자, 운영자
organized ⟨형⟩ 정리된, 준비된
054
⟨유⟩ arrange 마련하다, 주선하다

인사 부서는 직원들을 위한 강연을 **organize**했다.
The HR department **organized** lectures for the employees.

기출표현	organize an event 행사를 준비하다
	a well-organized office 잘 정리된 사무실

198 ★

☐
☐ **honor**
☐ [아너ㄹ]

⟨명⟩ 경의; 명예, 영예
⟨동⟩ 존경하다; 명예를 부여하다

honorable ⟨형⟩ 명예스러운
honorary ⟨형⟩ 명예의

그 상은 회사 창업자에게 **honor**를 표하여 이름이 지어졌다.
The award was named in **honor** of the company's founder.

기출표현	be honored to do ~하게 되어 영광이다

199 ★★

☐
☐ **series**
☐ [씨뤼-(즈)]

⟨명⟩ 시리즈, 연속

멤피스 협회는 한 **series**의 비즈니스 강의를 주관했다.
The Memphis Institute hosted a **series** of business classes.

기출표현	a series of 일련의 ~

교육·행사

200 ★★
□
□ **recipient**
□ [뤼씨피언(트)]

명 수령인, 받는 사람

062 receive 동 받다
476 receipt 명 영수증; 받기

그 상의 **recipient**는 500달러의 상금을 받을 것이다.
The award **recipient** will receive a cash prize of $500.

201 ★★
□ **brochure**
□ 미 [브로슈어ㄹ]
□ 영 [브로슈어ㄹ]

명 (홍보·광고용) 안내 책자

유 booklet 소책자
유 flyer (광고용) 전단

그 학술 대회의 초청 연사들은 **brochure**에 나열되어 있습니다.
The guest speakers for the conference are listed in the **brochure**.

기출표현 an enclosed brochure 동봉된 책자
a brochure about the venue 장소 안내 책자

202 ★★
□ **celebrate**
□ [쎌러브뤠이(트)]

동 기념하다, 축하하다

celebration 명 축하 (행사)

버튼 의류 사는 경품 추첨으로 자사의 개업을 **celebrate**했다.
Burton Apparel **celebrated** its grand opening with a prize drawing.

기출표현 celebrate one's promotion ~의 승진을 축하하다
in celebration of ~을 축하하여

203 ★★★
□ **productivity**
□ [프뤄-덕티비티]

명 생산성

361 product 명 제품
productive 형 생산적인

그 발표자는 팀 **productivity** 증진에 관해 유익한 강연을 했다.
The presenter gave a helpful talk on increasing team **productivity**.

기출표현 increase[improve] productivity 생산성을 높이다[개선하다]

출제 포인트
productivity vs. productive
문장 내 역할에 따라 알맞은 품사를 고르는 자리 문제가 출제된다.
increase (**productivity**/~~productive~~) (명사: 목적어 역할)
생산성을 증진시키다
(~~productivity~~/**productive**) meetings (형용사: 명사 수식)
생산적인 회의

204 ★★
☐
☐ **timely**
☐ [타임리]

(형) 시기적절한, 때맞춘

귀하는 **timely**한 방식으로 등록비를 내셔야 합니다.
You need to submit the registration fee in a **timely** manner.

기출표현 in a timely manner[fashion] 시기적절하게

출제 포인트
접미사 -ly를 보고 무조건 부사라고 생각하지 않도록 주의하자. 아래 단
어들과 같이 〈명사＋ly〉 형태의 단어는 형용사이다.
time 시간 → time**ly** 시기적절한   cost 비용 → cost**ly** 값비싼
friend 친구 → friend**ly** 친절한   week 주 → week**ly** 매주의

205 ★
☐
☐ **anniversary**
☐ [애니붜-ㄹ써리]

(명) 기념일

로건 주식회사는 다음 달에 회사의 25번째 **anniversary**를
축하할 것이다.
Rogan Inc. will celebrate its 25th **anniversary** next month.

기출표현 hold an anniversary party 기념일 파티를 열다

206 ★★
☐
☐ **shortly**
☐ [쇼-ㄹ (틀)리]

(부) 곧, 얼마 안 되어

short (형) 짧은
     (부) 짧게

(유) soon 곧

연사가 **shortly** 청중들에게 유인물을 줄 것이다.
The speaker will give handouts to audience members **shortly**.

기출표현 be mailed shortly 곧 우편으로 보내지다
     shortly before[after] ~ 직전[직후]에
     at[on] such short notice 갑작스러운 알림에도

207 ★
☐
☐ **enroll**
☐ [인로울]

(동) 등록하다, 입학시키다

enrollment (명) 등록; 등록자 수

(유) register 등록하다
(유) sign up 등록하다

그 수업에 **enroll**하시려면 저희 웹 사이트에 방문해주세요.
Please visit our Web site to **enroll** in the class.

기출표현 enroll in ~에 등록하다
     complete an enrollment form 입학신청서를 작성하다

208 ★★
□□□ **informative** [인뽀-ㄹ머티(브)]

[형] 유익한, 유용한 정보를 제공하는

423 inform [동] 알리다
information [명] 정보

직원들은 협상에 관한 **informative**한 세미나에서 많이 배웠다.
Employees learned a lot at the **informative** seminar on negotiation.

[기출표현] an informative seminar[article, talk] 유익한 세미나[기사, 연설]
information about[on] ~에 관한 정보

출제 포인트
informative vs. informed
형태상 혼동하기 쉬운 두 단어의 의미를 구별하여 문맥에 적합한 어휘를 고르는 문제가 출제된다. informative는 '유익한'이라는 의미로 쓰이고 informed는 뒤에 전치사 of와 함께 어울려서 '~에 대해 잘[많이] 아는'이라는 의미로 쓰인다.
an (**informative**/~~informed~~) presentation 유익한 발표
be (~~informative~~/**informed**) of ~에 대해서 잘 알고 있다

209 ★
□□□ **occasion** [오케이젼]

[명] (특정한) 경우, 때; 행사

occasional [형] 가끔의
occasionally [부] 가끔

그 호텔의 연회장은 특별한 **occasion**용으로 대여가 가능하다.
The hotel's ballroom is available to rent for special **occasions**.

[기출표현] on occasion 가끔
occasionally host events 가끔 행사를 열다

210 ★★
□□□ **represent** [뤠프뤼젠(트)]

[동] 대표하다; 보여주다, 나타내다

306 representative [명] 대표(자); 판매원
representation [명] 대표; 묘사

파머 씨가 무역 박람회에서 사이먼 사를 **represent**할 것이다.
Ms. Palmer will **represent** Simon Co. at the trade fair.

[기출표현] represent a company 회사를 대표하다
represent an improvement 개선 사항을 보여주다

Part 2

질의응답 필수 어휘

의문사 who, where, when 관련 질의응답에 빈출되는 아래 어휘와
예문을 들어보세요.

■ **responsible** 책임지고 있는

Who's **responsible** for the advertising
campaign?
누가 그 광고 캠페인을 책임지고 있나요?

■ **arrive** 도착하다

When will we **arrive** at the hotel?
우리는 호텔에 언제 도착하나요?

■ **flight** 항공편

Where can I book a **flight**?
항공편을 어디에서 예약할 수 있나요?

■ **shipment** 선적물; 운송

When was the **shipment** delivered?
선적물이 언제 배달되었나요?

■ **banquet** 연회

Where's the awards **banquet** being held?
시상식 연회가 어디에서 열릴 예정인가요?

■ **as soon as** ~하자마자

As soon as the repair is done.
수리가 끝나자마자요.

■ **deadline** (마감) 기한, 마감일

The **deadline** is on September 1.
마감 기한은 9월 1일입니다.

■ **request** 요청하다

Who **requested** a copy of the budget?
누가 예산안 사본을 요청했나요?

■ **finish** 끝내다, 마치다

When can you **finish** the sales report?
매출 보고서를 언제 끝낼 수 있나요?

■ **there is[are]** ~이 있다

There's one on 5th Street.
5번 가에 하나 있어요.

■ **be in charge of** ~을 담당하다

Mr. Kim **is in charge of** organizing the
event.
김 씨가 행사 준비를 담당하고 있습니다.

■ **find** 찾다, 발견하다

Where can I **find** the instruction manual?
사용 설명서를 어디에서 찾을 수 있나요?

Check Up!

A 다음 영어 단어와 알맞은 뜻을 바르게 연결해보세요.

01 registration · · ⓐ 회의, 학술 대회

02 upcoming · · ⓑ 준비[조직]하다

03 conference · · ⓒ (특정한) 경우; 행사

04 organize · · ⓓ 등록

05 occasion · · ⓔ 다가오는, 곧 있을

B 문맥에 맞는 어휘를 골라 빈칸을 채우세요.

06 공연 _____에 연출자가 강연을 할 것이다.

07 그 상은 회사 창업자에게 _____를 표하여 이름이 지어졌다.

08 그 초청 연사는 본인의 _____한 이력에 관해 이야기했다.

09 그 발표자는 팀 _____ 증진에 관해 유익한 강연을 했다.

> ⓐ prior   ⓑ productivity   ⓒ honor   ⓓ professional   ⓔ session

C 빈칸에 들어갈 알맞은 어휘를 고르세요.

10 The National Publishing Conference is held in Seattle ------- a year.
ⓐ once   ⓑ shortly

11 Sergio Russo was the ------- of the Salesperson of the Year Award.
ⓐ recipient   ⓑ practice

12 Guests at the retirement party for Ms. Pierce can enjoy ------- food.
ⓐ exceptionally   ⓑ exceptional

01 ⓓ 02 ⓔ 03 ⓐ 04 ⓑ 05 ⓒ 06 ⓔ 07 ⓒ 08 ⓓ 09 ⓑ 10 ⓐ 11 ⓐ 12 ⓑ

91

어제 어휘 확인하기

교육·행사

- ☐ hold
- ☐ productivity
- ☐ practice
- ☐ shortly
- ☐ timely
- ☐ honor
- ☐ prior
- ☐ exceptional
- ☐ informative
- ☐ represent
- ☐ organize
- ☐ reception
- ☐ professional
- ☐ recipient
- ☐ occasion

- ☐ brochure
- ☐ conference
- ☐ registration
- ☐ participant
- ☐ session
- ☐ upcoming
- ☐ audience
- ☐ present
- ☐ anniversary
- ☐ enroll
- ☐ series
- ☐ expert
- ☐ enter
- ☐ once
- ☐ celebrate

암기한 어휘 개수 _____ / 30

DAY 08

출장·여행/숙박·식당

● 오늘 학습할 어휘를 그림과 함께 살펴볼까요?

available
이용할 수 있는

arrive
도착하다

popular
인기 있는

confirm
확인해주다

transportation
교통 (체계), 교통 수단

rate
요금

cancel
취소하다

claim
청구; 클레임

ingredient
재료

accommodate
수용하다

passenger
승객

destination
목적지

단어와 의미를 먼저 암기하세요.

211 ★★★
□ **available**
□ [어붸일러블]
□

[형] (사물이) 이용할[구할] 수 있는;
(사람이) 시간[여유]이 있는

availability [명] 이용 가능함

[반] unavailable 이용할 수 없는

오늘 밤 객실 두 개가 **available**합니다.
We have two rooms **available** for tonight.

> **출제 포인트**
> 주로 available for, available to *do* 형태로 쓰여, available 뒤 빈칸에 들어갈 전치사 for나 to부정사를 고르는 문제가 출제된다.
> **available for** morning meetings 오전 회의에 이용 가능한
> **available to** answer questions 질문에 답할 시간이 있는

212 ★★★
□ **schedule**
□ 미 [스께주-을]
□ 영 [쉐쥬-을]

[동] 예정하다, 일정을 잡다
[명] 일정, 스케줄

scheduled [형] 예정된

얀 씨는 목요일에 여행하기로 **schedule**되어 있었다.
Ms. Yan was **scheduled** to travel on Thursday.

[기출표현] be scheduled to *do* ~하기로 예정되어 있다
behind[ahead of] schedule 예정보다 늦게[먼저]
a scheduled departure time 예정된 출발 시각

213 ★★★
□ **locate**
□ 미 [로우케이(트)]
□ 영 [로우케이(트)]

[동] 위치시키다; (위치를) 찾아내다

location [명] 장소, 위치

[유] position (특정 위치에) 두다 (002)

그 호텔은 공항 근처에 **locate**되어 있다.
The hotel is **located** near the airport.

[기출표현] be located in[at] ~에 위치하다
a specially selected location 특별히 선택된 장소

> **출제 포인트**
> Part 7의 동의어 문제로 출제된다. '~을 찾아내다'의 의미로 쓰일 때 find로 바꿔쓸 수 있다.
> **locate[find]** a restaurant 식당을 찾아내다

214 ★★★
☐
☐ **arrive**
☐ [어롸이(브)]

arrival 몡 도착

뻔 depart 떠나다, 출발하다

동 도착하다

그 항공편은 오후 1시 5분에 뉴욕에 **arrive**합니다.
The flight **arrives** in New York at 1:05 P.M.

기출표현 arrive on time 제시간에 도착하다
arrive from ~에서 도착하다
upon arrival 도착하자마자[도착 시]
an anticipated arrival time 예상되는 도착 시각

215 ★★★
☐
☐ **expense**
☐ [익스뻰(스)]

expend 동 (돈 등을) 쓰다
260 expensive 혱 비싼
068
윤 cost 값, 비용

몡 비용, 경비

회사가 귀하의 출장 **expenses**를 지급할 것입니다.
The company will pay for your travel **expenses**.

기출표현 submit an expense report 비용 보고서를 제출하다
operating expenses 운영비
at owner's expense 소유자 부담으로

216 ★★
☐
☐ **popular**
☐ [파-퓰러ㄹ]

popularity 몡 인기

혱 인기 있는; 대중적인

이 한국 음식점은 외국인 여행객들에게 **popular**하다.
This Korean restaurant is **popular** with foreign tourists.

기출표현 be popular with ~에게 인기가 있다
a popular author 인기 있는 작가
increasing popularity 높아지는 인기

217 ★★★
☐
☐ **book**
☐ [북]

booking 몡 예약

윤 reserve 예약하다

동 예약하다
몡 책, 도서

온라인으로 호텔 객실을 **book**하실 수 있습니다.
You can **book** a hotel room online.

기출표현 book a room[flight, tour] 객실[항공편, 투어]을 예약하다
booking confirmation 예약 확인

218 ★★

□
□ **transportation** 몡 교통 (체계), 교통 수단; 수송
□ [트랜스뻐-ㄹ테이션]

transport 통 수송하다

여행객들은 공항에서 대중 **transportation**을 이용할 수 있다.
Travelers can take public **transportation** from the airport.

기출표현 means of transportation 교통 수단
a free transportation service 무료 수송 서비스
transport products[freight] 제품[화물]을 수송하다

219 ★★★

□
□ **reservation** 몡 예약
□ [뤠저ㄹ붸이션]

reserve 통 예약하다
윤 booking 예약

모리슨 씨가 4월 1일에 **reservation**을 하고 싶어 하세요.
Ms. Morrison would like to make a **reservation** for April 1.

기출표현 make[confirm] a reservation 예약을 하다[확인하다]
be reserved for a workshop 워크숍을 위해 예약되다

220 ★★★

□
□ **confirm** 통 확인해주다; 승인하다
□ [컨뻐-ㄹ엄]

confirmation 몡 확인(서)

이메일로 예약을 **confirm**해드리겠습니다.
We will **confirm** the reservation by e-mail.

기출표현 confirm *one's* promotion ~의 승진을 승인하다
confirmation number 확인 번호
serve as confirmation 확인서의 역할을 하다

221 ★★

□
□ **set** 통 정하다; 놓다
□ [세(트)] 혱 준비된; 정해진

setting 몡 환경, 장소

호텔들은 여름에 더 높은 요금을 **set**한다.
Hotels **set** higher prices in the summer.

기출표현 set a date 날짜를 정하다
set up an appointment 약속을 잡다
be set to *do* ~할 준비가 되다

222 ★★
□□□
official
[어**쀠**셜]

[형] 공식적인, 공무상의
[명] 공무원, 관리 (직원)

officially [부] 공식적으로

저희는 그 도시에 대한 **official**한 가이드북을 추천해드립니다.
We recommend the **official** guidebook to the city.

[기출표현] receive an official approval 공식 승인을 받다
be officially registered 공식적으로 등록되다

223 ★★
□□□
positive
[**파**-저티(브)]

[형] 긍정적인

positively [부] 분명히, 긍정적으로
[반] negative 부정적인

그 호텔은 항상 그곳의 친절한 직원들에 관해 **positive**한 피드백을 받는다.
The hotel always receives **positive** feedback about its friendly staff.

[기출표현] have a positive effect 긍정적인 영향을 미치다

224 ★★
□□□
rate
[**뤠**이(트)]

[명] 요금; 속도; 비율
[동] 평가하다, 등급을 매기다

6인 이상의 단체는 더 저렴한 **rate**를 받을 수 있다.
Groups of six or more can get a lower **rate**.

[기출표현] at a discounted rate 할인된 요금으로
at an alarming rate 놀라운 속도로
a top-rated hotel 최상 등급의 호텔

225 ★★★
□□□
advise
[어(드)**봐**이(즈)]

[동] 조언[충고]하다

advice [명] 조언
advisor [명] 조언자
advisable [형] 권할 만한
advisory [형] 자문의

투숙객들은 정오 전에 퇴실하도록 **advise**된다.
Guests are **advised** to check out before noon.

출제 포인트
advise A to *do*는 'A에게 ~하라고 조언하다[권하다]'라는 의미로, 목적어 뒤 빈칸에 to부정사를 고르는 문제가 출제된다.
They **advise** passengers (**to check**/~~checking~~) the schedule changes. 그들은 승객들에게 일정 변경을 확인하라고 권한다.

226 ★★

☐☐☐ **simply**
[씸플리]

⬮ 그냥, 단순히; 간단[간결]하게

simplify ⓓ 간소화하다
simple ⓗ 간단한

⑨ just 그저

simply 귀하의 탑승권을 탑승구에서 제시해주세요.
Simply present your boarding pass at the gate.

기출표현 simply complete a form 간단히 서식을 작성하다
a simple recipe 간단한 요리법

227 ★★

☐☐☐ **cancel**
[캔쓸]

⬮ 취소하다, 해지하다

cancellation ⓔ 취소, 해지

항공편 취소...

그 항공사는 악천후 때문에 항공편을 **cancel**했다.
The airline **canceled** the flight due to bad weather.

기출표현 cancel an order 주문을 취소하다
cancel a membership 회원 자격을 해지하다
last-minute cancellations (출발) 직전의 취소
cancellation fee 취소 수수료

228 ★★

☐☐☐ **unable**
[언에이블]

⬮ ~할 수 없는, ~하지 못하는

⑪ able ~할 수 있는

마틴 씨는 적절한 길 안내가 없어서 호텔을 찾기가 **unable**했다.
Mr. Martin was **unable** to locate the hotel without proper directions.

기출표현 be unable[able] to *do* ~할 수 없다[있다]

> **출제 포인트**
> **(un)able vs. (im)possible**
> 의미상 유사한 어휘 (un)able과 (im)possible((불)가능한)의 차이를
> 구별하여 알맞은 어휘를 고르는 문제가 출제된다. (un)able은 사람을
> 주어로 쓸 수 있는 반면, (im)possible은 사람을 주어로 쓸 수 없다.
> We are (**unable**/~~impossible~~) to give you a discount.
> 저희는 고객님께 할인을 제공할 수 없습니다.
> Delaying the meeting is (~~able~~/**possible**).
> 그 회의를 미루는 것이 가능합니다.

229 ★★
□
□ **recommendation** 명 추천(서); 권고, 조언
□ [뤠커멘**데**이션]

577 recommend 동 추천[권장]하다

존스 씨는 웨이터에게 **recommendation**을 요청했다.
Ms. Jones asked the waiter for a **recommendation**.

기출표현 make a recommendation 추천하다
write a recommendation letter 추천서를 쓰다

230 ★★
□
□ **claim**
□ [클레임]

명 청구; 주장; 권리; 클레임
동 주장하다, 청구하다

이 씨는 보험사에 분실 수하물에 대한 **claim**을 했다.
Mr. Lee made a **claim** to the insurance company for his lost luggage.

기출표현 claim procedure 청구 절차
baggage claim 수화물 찾는 곳
claim that절 ~라고 주장하다

231 ★
□
□ **choice**
□ [**쵸**이(스)]

명 선택 (사항); 선택한 것[사람]

choose 동 선택하다
076
유 option 선택(권)

점심 세트에는 수프 또는 샐러드 중 **choice**가 포함됩니다.
The lunch set includes a **choice** of soup or salad.

기출표현 have no choice but to *do* ~할 수밖에 없다
choose to *do* ~하기로 정하다

232 ★
□
□ **ingredient**
□ [인그뤼-디언(트)]

명 재료, 성분, 구성 요소

유 element 요소, 성분

모든 메뉴는 신선한 **ingredient**로 만들어집니다.
All menu items are made from fresh **ingredients**.

기출표현 contain different ingredients 다양한 재료가 들어있다
organic[local] ingredients 유기농[현지] 재료

233 ★★

☐ **fully**
☐
☐ [풀리]

(부) 완전히, 충분히

full (형) 가득한, 완전한

렌터카 보증금은 **fully**하게 환불 가능합니다.
The deposit for the rental car is **fully** refundable.

> **기출표현** be fully refundable 전액 환불이 가능하다
> be fully equipped[furnished] 모든 장비가[가구가] 갖춰지다
> be full of ~로 가득차다

234 ★★

☐ **attraction**
☐
☐ [어트뤡션]

(명) 명소, 볼거리; 매력

¹¹⁶attract (동) 끌어모으다
attractive (형) 매력적인

그 도시에는 방문객들을 위한 재미있는 **attraction**들이 있다.
The city has fun **attractions** for visitors.

> **기출표현** a tourist attraction 관광 명소
> an attractive appearance 매력적인 외모

235 ★

☐ **accommodate**
☐
☐ [어카-머데이(트)]

(동) 수용하다, 숙박시키다; 부응하다

accommodation
(명) 숙소; 숙박 시설
accommodating (형) 호의적인

그 방은 사람 4명을 **accommodate**할 수 있다.
The room can **accommodate** four people.

> **기출표현** accommodate up to 50 guests 손님을 50명까지 수용하다
> accommodate the needs of customers
> 고객 요구에 부응하다
> provide accommodations 숙소를 제공하다

236 ★

☐ **modify**
☐
☐ [마-디빠이]

(동) 수정[변경]하다, 바꾸다

modification (명) 수정, 변경
⁰⁷⁸
(유) revise 변경[수정]하다

고객님의 여행 일정을 **modify**하는 데에는 수수료가 있습니다.
There is a fee for **modifying** your travel plans.

> **기출표현** modify an order 주문을 수정하다
> make a modification to ~을 수정하다

237 ★
passenger
[패씬저ㄹ]

몡 승객

passenger들은 곧 비행기에 탈 것이다.
Passengers will get on the plane soon.

238 ★★
arrangement
[어뤠인쥐먼(트)]

몡 준비, 마련; 배치; 합의

054 arrange 동 마련하다

스테턴 씨의 비서가 필수적인 여행 **arrangement**를 했다.
Ms. Staton's assistant made the necessary travel **arrangements**.

기출표현 make arrangements for ~을 위한 준비를 하다
seating arrangements 자리 배치
a contractual arrangement 계약상의 합의

239 ★
destination
[데스티네이션]

몡 목적지, 도착지

최종 **destination**에서 승차권을 보여주셔야 합니다.
You must show your ticket at the final **destination**.

출제 포인트
〈명사+명사〉 구조의 복합 명사로 출제되므로 아래 복합 명사를 한 단어
처럼 기억해두자.
a tourist[travel] **destination** 관광지
a vacation **destination** 휴양지

240 ★
itinerary
미 [아이**티**너뤠뤼]
영 [아이**티**너리]

몡 여행 일정표

투어 참가자들은 행사 일정을 **itinerary**에서 확인할 수 있다.
Tour participants can check the **itinerary** for a schedule of events.

기출표현 update[arrange] an itinerary
여행 일정표를 갱신하다[마련하다]
a tentative itinerary 임시 여행 일정표

DAY 08

101

Part 2

질의응답 필수 어휘

의문사 what, why, how 관련 질의응답에 빈출되는 아래 어휘와 예문을 들어보세요.

■ **receive** 받다

How can I **receive** a discount?
어떻게 할인을 받을 수 있나요?

■ **different** 다른, 차이가 나는

By using **different** channels.
다른 채널을 사용해서요.

■ **price** 가격

What's the **price** of this laptop?
이 노트북의 가격은 얼마인가요?

■ **quarter** (사)분기, 4분의 1

How much did sales increase last **quarter**?
지난 분기에 매출이 얼마나 증가했나요?

■ **branch** 지사, 분점

Because he will transfer to the London **branch**.
그분이 런던 지사로 전근 가실 거라서요.

■ **maintenance** 유지 보수

How often does the **maintenance** staff check the system?
유지 보수 직원이 얼마나 자주 그 시스템을 확인하나요?

■ **organize** 준비하다

To **organize** the conference.
회의를 준비하려고요.

■ **construction** 공사, 건설

The street is under **construction**.
그 길은 공사 중입니다.

■ **expensive** 비싼

Why is this table so **expensive**?
왜 이 탁자가 그렇게 비싼가요?

■ **film** 영화

What time does the **film** start?
그 영화가 몇 시에 시작하나요?

■ **performance** 공연

How was the **performance** yesterday?
어제 공연은 어땠나요?

■ **excellent** 훌륭한, 탁월한

I had an **excellent** time at the concert.
저는 콘서트에서 훌륭한 시간을 보냈어요.

Check Up!

A 다음 영어 단어와 알맞은 뜻을 바르게 연결해보세요.

01 locate •   • ⓐ 승객

02 itinerary •   • ⓑ 그냥, 단순히

03 simply •   • ⓒ 수정[변경]하다

04 passenger •   • ⓓ 위치시키다

05 modify •   • ⓔ 여행 일정표

B 문맥에 맞는 어휘를 골라 빈칸을 채우세요.

06 얀 씨는 목요일에 여행하기로 _____되어 있었다.

07 이 한국 음식점은 외국인 여행객들에게 _____하다.

08 렌터카 보증금은 _____하게 환불 가능합니다.

09 그 항공사는 악천후 때문에 항공편을 _____했다.

> ⓐ popular   ⓑ fully   ⓒ schedule   ⓓ positive   ⓔ cancel

C 빈칸에 들어갈 알맞은 어휘를 고르세요.

10 There are still a few tables ------- for Saturday at 7 P.M.
   ⓐ available   ⓑ official

11 Tintagel Castle is a popular tourist ------- in southwest England.
   ⓐ arrangement   ⓑ destination

12 We are ------- to process your reimbursement request at this time.
   ⓐ impossible   ⓑ unable

01 ⓓ 02 ⓔ 03 ⓑ 04 ⓐ 05 ⓒ 06 ⓒ 07 ⓐ 08 ⓑ 09 ⓔ 10 ⓐ 11 ⓑ 12 ⓑ

어제 어휘 확인하기

● 어제 학습한 어휘를 얼마나 기억하고 있는지 확인하세요.

출장·여행/숙박·식당

- official
- book
- simply
- positive
- popular
- set
- schedule
- arrive
- accommodate
- arrangement
- expense
- destination
- attraction
- ingredient
- advise

- cancel
- available
- fully
- rate
- claim
- itinerary
- recommendation
- transportation
- passenger
- reservation
- locate
- confirm
- modify
- unable
- choice

암기한 어휘 개수 _____ / 30

104

DAY 09

구매·거래

● 오늘 학습할 어휘를 그림과 함께 살펴볼까요?

purchase
구입하다

request
요청하다

charge
요금; 청구하다

range
범위

refund
환불(하다)

method
방법, 방식

display
전시

numerous
다수의, 많은

exchange
교환(하다)

transaction
거래

compare
비교하다

exclusive
독점적인

241 ★★★
□
□ **offer**
□ [어-뻐ㄹ]

(동) 제공하다; 제안[제의]하다
(명) 제안, 제의; 할인

offering (명) 제공된 것

어거스타 가구는 신규 고객들에게 더 낮은 가격을 **offer**한다.
Augusta Furniture **offers** lower prices to new clients.

기출표현 offer A B(= offer B to A) A에게 B를 제공하다
take a job offer 일자리 제안을 수락하다
drink offerings 음료 사은품

242 ★★★
□
□ **purchase**
□ [퍼-ㄹ쳐(스)]

(동) 구입[구매]하다
(명) 구입(품), 구매(품)

(유) buy 사다

오늘 텔레비전을 원래 가격의 반값에 **purchase**하세요.
Purchase the television today to get half off the original price.

기출표현 make a purchase of ~을 구매하다
as a proof of purchase 구매의 증거로서

243 ★★★
□
□ **interest**
□ [인트뤠스(트)]

(명) 관심, 흥미; 이자
(동) 관심을 끌다[보이다]

interested (형) 관심이 있는
interesting (형) 흥미로운

저희 여름 의류 제품군에 대한 귀하의 **interest**에 감사드립니다.
We appreciate your **interest** in our summer clothing line.

기출표현 a low interest rate 낮은 금리

출제 포인트
interested vs. interesting
감정을 나타내는 분사들의 쓰임을 구별하여 문맥에 알맞은 분사를 고르
는 문제로 출제된다.
(**interested**/~~interesting~~) participants
(과거분사: 감정을 느끼는 주체 수식) 관심이 있는 참가자들
an (~~interested~~/**interesting**) job fair
(현재분사: 감정의 원인 수식) 흥미로운 채용 박람회

244 ★★★
□
□ **request**
□ [뤼쿠에스(트)]

동 요청[요구]하다
명 요청, 요구 (사항)

¹⁵³ require 동 필요[요구]하다

30일 이내로 환불을 **request**하실 수 있습니다.
You can **request** your money back within thirty days.

| 기출표현 | request additional information 추가 정보를 요청하다
a request for changes 변경 요청
per your request 요청하신 대로
on[upon] request 요청하자마자 |

245 ★★★
□
□ **recent**
□ [뤼-슨(트)]

형 최근의

¹²² recently 부 최근에

귀하의 **recent**한 주문에 대한 청구서를 보내드리겠습니다.
We will send you a bill for your **recent** order.

| 기출표현 | recent enrollment[purchase] 최근의 가입[구매]
read a recent article 최근의 기사를 읽다
in recent years 최근 몇 해 동안 |

246 ★★★
□
□ **charge**
□ [차-ㄹ쥐]

명 요금; 책임, 담당
동 청구하다; 책임을 맡기다

선물 포장에 대한 추가 **charge**는 없습니다.
There is no additional **charge** for gift-wrapping.

| 기출표현 | free of charge 무료로
be in charge of ~을 담당하다, ~의 책임자이다
charge a late fee 연체료를 청구하다 |

★★★
²⁴⁷ **discount**
□ 명 [디스카운(트)]
□ 동 [디스카운(트)]

명 할인
동 할인하다

헨리 스포츠 사는 운동화에 10%의 **discount**를 제공하고 있다.
Henley Sports is providing a ten percent **discount** on sneakers.

| 기출표현 | offer[receive] a discount 할인을 제공하다[받다]
at a discounted price 할인된 가격으로 |

248 ★★★
☐ **apply**
☐ [어플라이]

application (명) 지원(서)
011 applicant (명) 지원자
applicable (형) 적용될 수 있는

(동) 적용되다; 지원하다, 신청하다

재고 정리 물품에는 회원 할인이 **apply**되지 않습니다.
The membership discount does not **apply** to clearance items.

기출표현	apply to ~에 적용되다
---	apply for ~에 지원[신청]하다
	an applicable policy 적용될 수 있는 정책

249 ★★
☐ **range**
☐ [뤠인쥐]

(명) 범위; 다양성
(동) 범위가 ~에 이르다

링컨 백화점은 폭넓은 **range**의 주방 설비를 판매한다.
Lincoln Department Store sells a wide **range** of kitchen equipment.

기출표현	a wide range of 아주 다양한 ~
---	out of our price range 우리의 가격 범위를 넘는(= 비싼)
	range from A to B A부터 B까지의 범위에 이르다

250 ★★★
☐ **accept**
☐ [억쎕(트)]

acceptance (명) 수락
acceptable (형) 받아들일 만한
         299
(반) reject 거절[거부]하다

(동) 받아들이다, 받아주다, 수락하다

젠슨 의류 사는 매장 내 모든 상품에 대해 할인권을 **accept**한다.
Jansen Clothing **accepts** vouchers for all merchandise in the store.

기출표현	accept only cash 현금만 받아주다
---	accept the position 그 직책을 수락하다
	be acceptable to clients 고객들에게 받아들여질 만하다

251 ★★
☐ **refund**
☐ [뤼-뻔(드)]

refundable (형) 환불 가능한

(명) 환불(금)
(동) 환불하다

이 씨는 고장 난 전자레인지에 대해 **refund**를 요청했다.
Mr. Lee asked for a **refund** for the broken microwave.

| 기출표현 | a full refund 전액 환불 |
| --- | tax refunds 세금 환급 |

252 ★★
☐
☐ **eligible**
☐ [엘리져블]

㊨ entitled 자격이 있는

혱 자격이 있는

귀하는 대량 주문에 대해 할인을 받기에 **eligible**합니다.
You are **eligible** to get a discount on bulk purchases.

> **출제 포인트**
> eligible은 be eligible for(~에 자격이 있다) 또는 be eligible to
> *do*(~할 자격이 있다)의 형태로 자주 쓰인다.
> **be eligible for** discounts 할인을 받을 자격이 있다
> **be eligible to** take vacations 휴가를 갈 자격이 있다

253 ★★
☐
☐ **method**
☐ [메써(드)]

몡 방법, 방식

두 가지 다른 지불 **method** 중 하나를 선택하실 수 있습니다.
You can choose one of the two different payment **methods**.

기출표현 choose a shipping method 배송 방법을 선택하다

254 ★★
☐
☐ **deal**
☐ [디-을]

dealing 몡 거래, 매매

몡 거래(서), 합의
동 거래하다; 처리하다

우리는 예이츠 하드웨어 사에 공구를 공급하는 **deal**을 맺었습니다.
We made a **deal** to provide tools to Yates Hardware.

기출표현 offer special deals 특별한 거래를 제공하다
a great deal of 많은 양의 ~
deal with ~을 처리하다, ~을 다루다

255 ★★
☐
☐ **valid**
☐ [밸리(드)]

validate 동 입증하다
validity 몡 유효함, 타당성

㊁ invalid 무효한

혱 유효한; 타당한

고객들은 **valid**한 영수증 없이는 반품할 수 없다.
Customers cannot make returns without a **valid** receipt.

기출표현 valid for[until] ~ 동안[~까지] 유효한
a valid identification card 유효한 신분증

256 ★★★

□ □ □ **variety** [뷔롸이어티]

[명] 여러 가지, 각양각색; 다양성

vary [동] 서로 다르다

493 various [형] 다양한

[유] diversity 다양성

이 스웨터는 **variety**의 사이즈로 구입 가능합니다.

This sweater is available in a **variety** of sizes.

[기출표현] have more variety 더 다양한 종류를 갖추다

vary by ~에 따라 다르다

출제 포인트

주로 '넓은'의 의미를 가지는 형용사 wide, broad, large 등과 어울려 a wide[broad, large] variety of(온갖 종류의 다양한 ~)의 형태로 자주 출제된다.

a wide[broad, large] variety of items

온갖 종류의 다양한 물품들

257 ★

□ □ □ **display** [디스쁠레이]

[명] 전시, 진열; 화면

[동] 전시[진열]하다; 보여주다

[유] show 보여주다

[유] exhibit 전시하다; 전시회

가장 최신 상품들이 입구 근처에 **display**되어 놓여졌다.

The newest goods were put on **display** near the entrance.

[기출표현] on display 전시된[진열된]

display artworks 미술품을 전시하다

258 ★★

□ □ □ **exactly** [이(그)재끌리] [이(그)잭(틀)리]

[부] 정확히, 꼭, 틀림없이

exact [형] 정확한

[유] precisely 정확히

새로 나온 공기 청정기는 작년 모델 가격의 **exactly** 두 배이다.

The new air purifier is **exactly** double the price of last year's model.

[기출표현] keep A exactly the same A를 꼭 똑같이 유지하다

announce an exact schedule 정확한 일정을 발표하다

259 ★
□
□ **numerous**
□ [뉴-머뤄(스)]

⟨형⟩ 다수의, 많은

⟨유⟩ a number of 많은

제이콥스 씨는 컴퓨터를 사기 전에 **numerous**한 고객 후기들을 읽었다.
Mr. Jacobs read **numerous** customer reviews before buying his computer.

260 ★★
□
□ **expensive**
□ [익스뻰씨(브)]

⟨형⟩ 비싼, 돈이 많이 드는

expend ⟨동⟩ (돈 등을) 쓰다
215 expense ⟨명⟩ 비용, 경비
⟨반⟩ inexpensive 비싸지 않은

이 설비는 작은 회사에서 구입하기에는 너무 **expensive**하다.
This equipment is too **expensive** for small businesses to purchase.

기출표현 the least expensive option 가장 덜 비싼 옵션

261 ★★
□
□ **exchange**
□ [익스췌인쥐]

⟨동⟩ 교환하다, 맞바꾸다
⟨명⟩ 교환, 주고받음; 환전

커크 씨는 그 셔츠를 더 큰 것으로 **exchange**했다.
Mr. Kirk **exchanged** the shirt for a larger one.

기출표현 exchange A for B A를 B로 교환하다
in exchange for ~과 교환하여, ~의 대가로

262 ★
□
□ **reasonable**
□ [뤼-즈너블]

⟨형⟩ 합리적인, 타당한; (가격이) 적정한

reason ⟨명⟩ 이유
reasonably ⟨부⟩ 합리적으로
264
⟨유⟩ affordable (가격이) 알맞은

그린 케이터링은 **reasonable**한 가격에 훌륭한 음식을 배달해준다.
Green Catering delivers great food at **reasonable** prices.

기출표현 a reasonable price 적당한[합리적인] 가격
a reasonably priced item 합리적으로 가격이 책정된 물품

263 ★★

□ **slightly**
□
□ [슬라잍리]

㉾ 약간, 조금

slight ㉻ 약간의

겨울 재킷은 11월 이후에 **slightly** 더 비싸진다.
Winter jackets become **slightly** more expensive after November.

기출표현 a slight modification[adjustment] 약간의 수정[조정]

264 ★★

□ **affordable**
□
□ [어뿨-ㄹ더블]

㉻ (가격이) 알맞은; 감당할 수 있는

afford
㉺ (금전적·시간적) 여유가 있다
262
㊌ reasonable (가격이) 적정한

저희는 **affordable**한 가격에 뛰어난 서비스를 제공합니다.
We offer exceptional service at an **affordable** price.

기출표현 can[cannot] afford to *do* ~할 여유가 있다[없다]

출제 포인트
〈형용사+명사〉 콜로케이션에서 형용사 어휘를 묻는 문제로 출제된다. 자주 어울려 쓰이는 명사 price(가격), rate(요금)와 함께 한 단어처럼 기억하자.
at an **affordable** price[rate] 알맞은 가격[요금]에

265 ★

□ **transaction**
□
□ [트랜잭션]

㉹ 거래, 매매

이 할인은 온라인 **transaction**에만 적용됩니다.
This discount only applies to online **transactions**.

기출표현 a transaction between companies 회사 간의 거래

266 ★

□ **alternative**
□
□ [얼-터-ㄹ너티(브)]

㉹ 대안, 선택 가능한 것
㉻ 대체 가능한, 대안적인

alternate ㉻ 대체의
㉺ 번갈아 하다
alternatively ㉾ 그 대신에
076
㊌ option 선택권, 옵션

판매원은 매진된 물품에 대해 **alternative**를 추천했다.
The sales clerk recommended an **alternative** to the sold-out item.

기출표현 choose an alternative 대안을 고르다
be an alternative to ~에 대안이 되다
alternative energy 대체 에너지

267 ★
☐
☐ **compare**
☐ [컴페어ㄹ]

ⓢ 비교하다; 비유하다

comparison ⓝ 비교
comparable ⓐ 견줄 만한, 비슷한

소비자들은 온라인으로 제품들의 가격을 **compare**할 수 있다.
Consumers can **compare** the prices of products online.

| 기출표현 | compared to ~와 비교하여
in comparison to ~와 비교해보면, ~에 비해
be comparable to ~와 비슷하다[견줄 만하다]

268 ★
☐
☐ **selection**
☐ [씰렉션]

ⓝ 선택, 선발; 선정된 것[사람]들

161 select ⓢ 선택[선발]하다
selected ⓐ 엄선된
selective ⓐ 까다로운

저희의 제품 목록에서 **selection**하실 수 있습니다.
You can make a **selection** from our list of products.

| 기출표현 | a selection of 엄선된 ~
a selected candidate 선발된 후보
be selective about ~에 있어 까다롭다

269 ★
☐
☐ **exclusive**
☐ [익스끌루-씨(브)]

ⓐ 독점적인, 전용의
ⓝ 독점 기사

exclude ⓢ 제외하다
exclusively ⓐⓓ 오로지

이 **exclusive**한 할인은 우수 회원만을 위한 것입니다.
This **exclusive** offer is for premium members only.

| 기출표현 | exclusive access 독점적인 접근 권한
for the exclusive use of ~의 전용으로
work exclusively with ~와 독점적으로 일하다

270 ★
☐
☐ **warranty**
☐ [워-뤈티]

ⓝ 품질 보증서

318
ⓥ guarantee 품질 보증서

그 자동차에는 3년짜리 **warranty**가 딸려 온다.
The car comes with a three-year **warranty**.

| 기출표현 | an extended warranty 기한이 연장된 품질 보증서
under warranty 품질 보증기간 중인

Part 2

질의응답 필수 어휘

Yes 또는 No로 대답이 가능한 일반의문문의 질의응답에 빈출되는 아래 어휘와 예문을 들어보세요.

■ **replace** 교체하다

Are you going to **replace** the broken tiles?
깨진 타일들을 교체하실 예정인가요?

■ **supply** 물품, 물자; 공급하다

Have you placed the **supply** order?
물품 주문을 하셨나요?

■ **delay** 지연시키다; 지연

No, my flight has been **delayed**.
아니요, 제 항공편은 지연되었어요.

■ **visit** 방문하다; 방문

Haven't you **visited** London before?
이전에 런던을 방문하지 않으셨나요?

■ **ready** 준비가 된

Sure, it'll be **ready** in 10 minutes.
물론이죠. 10분 뒤에 준비될 것입니다.

■ **presentation** 발표

Will you give your **presentation** first?
첫 번째로 발표하실 건가요?

■ **available** 시간[여유]이 있는; 이용 가능한

Are you **available** for the interview today?
오늘 면접에 참석하실 수 있으세요?

■ **make it** 시간 맞춰 가다; 해내다

Do you think Ms. Kim can **make it**?
김 씨가 제시간에 올 수 있다고 생각하세요?

■ **contact** 연락하다; 연락

Did you **contact** the manager?
부장님께 연락하셨나요?

■ **approve** 승인하다

Yes, Mr. Hawkins **approved** it.
네, 호킨스 씨께서 승인하셨습니다.

■ **be supposed to** *do*
~하기로 되어 있다

Isn't it **supposed to** rain tomorrow?
내일 비 온다고 하지 않았나요?

■ **complete** 완료하다

No, I haven't **completed** the report yet.
아니요, 아직 보고서를 완료하지 못했습니다.

Check Up!

A 다음 영어 단어와 알맞은 뜻을 바르게 연결해보세요.

01 compare •   • ⓐ 정확히, 꼭

02 recent •   • ⓑ 비교하다

03 accept •   • ⓒ 최근의

04 exactly •   • ⓓ 독점적인, 전용의

05 exclusive •   • ⓔ 받아들이다, 수락하다

B 문맥에 맞는 어휘를 골라 빈칸을 채우세요.

06 오늘 텔레비전을 원래 가격의 반값에 _____ 하세요.

07 고객들은 _____ 한 영수증 없이는 반품할 수 없다.

08 커크 씨는 그 셔츠를 더 큰 것으로 _____ 했다.

09 그 자동차에는 3년짜리 _____ 가 딸려 온다.

> ⓐ exchange   ⓑ valid   ⓒ transaction   ⓓ warranty   ⓔ purchase

C 빈칸에 들어갈 알맞은 어휘를 고르세요.

10 Mr. Hyde expressed ------- in subscribing to the service.
ⓐ interested   ⓑ interest

11 Business customers are ------- to buy the goods at the wholesale price.
ⓐ eligible   ⓑ numerous

12 Sam's Camping Supplies sells sleeping bags at ------- rates.
ⓐ affordable   ⓑ refundable

ⓐ 01 ⓑ 02 ⓒ 03 ⓔ 04 ⓐ 05 ⓓ 06 ⓔ 07 ⓑ 08 ⓐ 09 ⓓ 10 ⓐ 11 ⓐ 12 ⓐ

구매·거래

- ☐ refund
- ☐ deal
- ☐ warranty
- ☐ exclusive
- ☐ slightly
- ☐ compare
- ☐ exactly
- ☐ alternative
- ☐ affordable
- ☐ interest
- ☐ method
- ☐ exchange
- ☐ accept
- ☐ purchase
- ☐ valid

- ☐ apply
- ☐ numerous
- ☐ reasonable
- ☐ charge
- ☐ display
- ☐ discount
- ☐ expensive
- ☐ eligible
- ☐ range
- ☐ transaction
- ☐ selection
- ☐ offer
- ☐ variety
- ☐ recent
- ☐ request

암기한 어휘 개수 _____ / 30

DAY 10

주문·배송

● 오늘 학습할 어휘를 그림과 함께 살펴볼까요?

order
주문(품)

expect
예상[기대]하다

delay
지연

package
소포

damage
손상

delivery
배달

attach
첨부하다

content
내용(물)

inventory
재고(품)

prevent
막다

shortage
부족

fragile
깨지기 쉬운

단어와 의미를 먼저 암기하세요.

271 ★★★
□ **order**
□ [오-ㄹ더ㄹ]
□

[명] 주문(품); 순서; 정돈
[동] 주문하다

orderly [형] 정돈된

귀하의 **order**는 수요일에 직접 찾아가시면 됩니다.
Your **order** can be picked up in person on Wednesday.

[기출표현] complete[cancel] an order 주문을 완료[취소]하다
in[out of] order 정돈된[고장 난]
order an item online 온라인으로 물건을 주문하다
in an orderly manner[fashion] 정돈된 방식으로

출제 포인트
order은 '~하기 위해'라는 목적의 의미를 가진 in order to *do*의 형태로 자주 출제된다.
In order to attract customers, the store provides special offers.
고객을 끌어모으기 위해, 그 매장은 특별 할인 판매를 제공한다.

272 ★★★
□ **process**
□ [프롸우세(스)]
□

[명] 절차, 과정; 공정
[동] 처리하다, 가공하다

588 proceed [동] 향하다; 진행하다
processing [명] (정보) 처리, 가공
463
[유] procedure 절차, 순서

단계에 따라서 주문 **process**를 완료해주세요.
Follow the steps to complete the ordering **process**.

[기출표현] in the process of ~의 과정에서
an assembly process 조립 공정
process a refund 환불을 처리하다
processing time for ~을 처리하는 시간

273 ★★★
□ **expect**
□ [익스뻭(트)]
□

[동] 예상[기대]하다

102 expectation [명] 기대; 예상
expected [형] 예상되는
499
[유] anticipate 예상하다

로즈 씨는 아마 다음 주에 물품을 받을 것으로 **expect**할 것이다.
Ms. Rose should **expect** to receive her goods next week.

[기출표현] expect (A) to *do* (A가) ~할 것으로 예상하다
be expected to *do* ~할 것으로 예상되다

274 ★★★

□□□ **additional** [어디셔널]

[형] 추가의

add [동] 추가하다
018 addition [명] 추가; 증원 인력
additionally [부] 게다가

[유] extra 추가의

볼드윈 씨는 익일 배송에 **additional**한 수수료를 지불했다.
Mr. Baldwin paid an **additional** fee for next-day shipping.

[기출표현] make additional copies 추가 복사본을 만들다
add A to B A를 B에 추가하다[더하다]

275 ★★★

□□□ **delay** [딜레이]

[명] 지연, 지체; 연기
[동] 지연시키다; 미루다

047 [유] postpone 연기하다, 미루다
[유] put off 미루다

악천후가 상품을 발송하는 데에 **delay**를 야기했다.
The bad weather caused a **delay** in sending the goods.

[기출표현] apologize for the delay 지연에 대해 사과하다
without delay 지체 없이
be significantly delayed 상당히 지연되다

276 ★★

□□□ **track** [트랙]

[동] 추적하다
[명] 자국; 길

[유] chase 추적하다

저희 웹 사이트에서 고객님의 주문품을 **track**하실 수 있습니다.
You can **track** your order on our Web site.

[기출표현] track a shipment 배송을 추적하다
keep track of ~의 동향을 계속 파악하다

277 ★★★

□□□ **ensure** [인슈어ㄹ]

[동] 보장하다, 확실하게 하다

sure [형] 확신하는
318 [유] guarantee 보장하다
356 [유] assure 보장하다

주문품이 지연 없이 도착하는 것을 **ensure**해주세요.
Please **ensure** that the order arrives without delay.

[기출표현] ensure that절 ~라는 것을 보장하다[확실하게 하다]
be sure to *do* 반드시 ~하다

278 ★★
☐ **package**
☐
☐ [패키쥐]

명 소포; 포장물; 패키지
동 포장하다

pack 동 포장하다
packaging 명 포장(재)

유 parcel 소포

주소는 **package** 위에 명확하게 기입되어야 합니다.
The address should be written clearly on the **package**.

기출표현 a tour package 여행 패키지
　　　　pack an item for shipping 운송을 위해 물품을 포장하다

279 ★★★
☐ **place**
☐
☐ [플레이(스)]

동 놓다, 두다; (주문 등을) 하다
명 장소

placement 명 배치

유 put 놓다

귀하의 소포를 저울 위에 **place**하세요.
Please **place** your parcel on the scale.

기출표현 place an order[advertisement] 주문[광고]을 하다
　　　　take place 개최되다, 발생하다
　　　　in place of ~을 대신해서

280 ★★★
☐ **damage**
☐
☐ [대미쥐]

명 손상, 피해; 훼손
동 손상을 주다

damaged 형 손상된, 파손된
damaging 형 손상을 주는

저희의 특별한 포장재가 유리 꽃병들을 **damage**로부터
보호합니다.
Our special packaging protects glass vases from **damage**.

기출표현 damage to ~에의 손상
　　　　be damaged during ~ 동안 손상되다
　　　　a damaged item 손상된 물품

281 ★★
☐ **express**
☐
☐ [익스쁘뤠(스)]

동 표현하다, 나타내다
형 급행의; 신속한

expression 명 표현

본 씨는 손상된 물품에 대해 실망을 **express**했다.
Mr. Bon **expressed** his disappointment over the damaged goods.

기출표현 express concerns[regret] 우려[유감]를 표하다
　　　　by express mail 속달 우편으로
　　　　an expression of interest 관심의 표현

282 ★★

□ □ □ **stock** [스따-(크)]

[명] 재고(품); 주식
[동] 재고로 보유하다; 채워놓다

289
[유] inventory 재고(품)

이 노트북들은 현재 **stock**이 없습니다.
These laptops are out of **stock** at the moment.

[기출표현] in[out of] stock 재고가 있는[없는]
stock alternative items 대체품을 채워놓다

283 ★★

□ □ □ **delivery** [딜리뷖뤼]

[명] 배달; 전달

deliver
[동] 배달하다; (강연 등을) 하다

브라이트 가전제품 사는 무료 가정 **delivery** 서비스를 제공한다.
Bright Appliances provides a free home **delivery** service.

[기출표현] update a delivery address 배송 주소를 업데이트하다
deliver orders 주문품을 배달하다
deliver a speech[talk] 연설[강연]을 하다

284 ★★

□ □ □ **currently** [커-뤈(틀)리]

[부] 현재, 지금

543 current [형] 현재의

[유] now 지금

유감스럽게도, 주문 시스템은 **currently** 이용할 수 없습니다.
Unfortunately, the ordering system is **currently** unavailable.

출제 포인트
부사 currently는 의미상 현재 또는 현재 진행 시제와 어울려 쓰인다. 현재나 현재 진행 시제 문장의 부사 어휘 문제로 출제되거나, 시제 문제의 단서가 된다.
The item is **currently** out of stock.
그 제품은 현재 품절이다.
Mr. Park is **currently** reviewing job applications.
박 씨가 현재 입사 지원서를 검토하는 중이다.

285 ★★
□
□
□
attach
[어태취]

[동] 첨부하다, 붙이다

attachment [명] 첨부 (파일)
attached [형] 첨부된

저희가 영수증을 고객님의 주문서에 **attach**해드리겠습니다.
We will **attach** a receipt to your order form.

[기출표현] attach A to B A를 B에 붙이다[첨부하다]
be attached to an e-mail 이메일에 첨부되다
an attached file[document] 첨부 파일[서류]

286 ★★
□
□
□
original
[어뤼쥐널]

[형] 원래의; 독창적인
[명] 원본

origin [명] 근원, 기원
originally [부] 원래

반품되는 물품들은 모두 **original**한 포장 상태로 보내져야 합니다.
All returned items must be sent in their **original** packaging.

[기출표현] the copy of the original 원본의 복사본
place of origin 원산지
as originally planned 원래 계획된 대로

287 ★
□
□
□
content
[칸-텐(트)]

[명] 내용(물); 목차; 콘텐츠

082 contain [동] 담고 있다

박스의 **contents**가 상표에 나열되어있다.
The **contents** of the box are listed on the label.

[기출표현] an online content provider 온라인 콘텐츠 공급자

288 ★★★
□
□
□
handle
[핸들]

[동] 다루다, 처리하다; 취급하다

handling [명] 취급, 처리

[유] deal with ~을 처리하다

저희 배송 기사들은 하루에 수백 개의 소포를 **handle**합니다.
Our delivery drivers **handle** hundreds of packages per day.

출제 포인트
Part 7의 동의어 문제로 출제된다. '(물건을) 다루다'의 의미일 때에는 treat으로, '(문제를) 처리하다'라는 의미일 때에는 manage로 바꿔쓸 수 있다.
carefully **handle[treat]** *one's* belongings
~의 소지품을 조심스럽게 다루다
handle[manage] issues 문제들을 처리하다

289 ★★
inventory
[인붼터-뤼]

명 재고(품); 물품 목록

282
유 stock 재고(품)

전부
재고야...

제이 주식회사는 할인 판매 기간 동안 남은 **inventory**를 팔았다.
Jay Inc. sold the remaining **inventory** during the sale.

기출표현 inventory control[records] 재고 관리[기록]

290 ★★
immediately
[이미-디얼리]

부 즉시; 직접적으로

immediate 형 즉각적인; 직속의

유 at once 즉시
유 instantly 즉각, 즉시

긴급 주문 건은 대금 수령 후 **immediately** 발송될 것입니다.
Rush orders will be sent out **immediately** after receiving payment.

기출표현 immediately before[after] ~ 직전에[직후에]
take immediate action 즉각적인 조치를 취하다
an immediate supervisor 직속 상사

291 ★★
shipment
[쉽먼(트)]

명 수송(품), 운송, 선적

ship 동 수송하다
shipping 명 운송(업)

유 cargo 화물

운송 및 취급 수수료가 각각의 **shipment**에 추가됩니다.
A shipping and handling fee is added to each **shipment**.

기출표현 during shipment 운송 중에
a shipping charge 운송료

292 ★★
personal
[퍼-ㄹ서널]

형 개인적인, 개인의

personalized 형 개인 맞춤형의
person 명 개인, 사람
personally 부 개인적으로

유 private 개인적인

귀하의 주소 라벨에 있는 **personal**한 정보는 공유되지 않을 것입니다.
The **personal** information on your address label will not be shared.

기출표현 personalized items 개인 맞춤형의 물품
in person 직접

293 ★★
□
□ **standard**
□ [스땐더ㄹ(드)]

(형) 일반적인, 표준의
(명) 기준, 수준; 표준 (단위)

(유) regular 일반적인 (350)

standard한 배송 옵션은 무료입니다.
The **standard** delivery option is free of charge.

기출표현   a standard room   일반[스탠다드] 객실
higher standards of quality   품질에 대한 더 높은 기준
safety standards   안전기준

294 ★
□
□ **load**
□ [로우(드)]

(명) 짐, 화물; 무게
(동) 싣다, 적재하다

(반) unload (짐을) 내리다

배송 직원들은 무거운 **load**를 함께 옮겨야 합니다.
Delivery personnel must carry heavy **loads** together.

기출표현   load restrictions[limits]   무게 제한
a loading bay[dock]   짐 싣는 곳, 적재 구역

295 ★
□
□ **prevent**
□ [프뤼**뻰**(트)]

(동) 막다, 방지[예방]하다

prevention (명) 방지, 예방
preventive (형) 방지의, 예방의

그 회사는 물품의 손상을 **prevent**하기 위해 특별한 포장재를
사용한다.
The company uses special packaging to **prevent** damage to items.

기출표현   prevent A from *doing*   A가 ~하는 것을 막다
prevent damage in shipping   운송 중 손상을 방지하다

296 ★★
□ **separate**
□ 형 [쎄퍼륏]
□ 동 [쎄퍼뤠이(트)]

(형) 분리된; 서로 다른, 별도의
(동) 분리되다, 나뉘다; 갈라지다

separation (명) 분리
separately (부) 따로, 별도로 (177)
(유) divide 나누다

그 책들은 두 개의 **separate**한 박스에 배송될 것이다.
The books will be delivered in two **separate** boxes.

기출표현   use a separate entrance   별도의 출입구를 사용하다
separate (A) from B   (A를) B로부터 분리하다[분리되다]

297 ★
☐
☐ **sample**
☐ [쌤플]

㊀ prototype 원형

㈐ 견본품, 샘플, 표본
㈌ 맛보다

주문 전에 저희 페인트의 **sample** 하나를 요청하실 수 있습니다.
You may request a **sample** of our paint before ordering.

기출표현	prepare a product sample 제품 견본을 준비하다
	sample food items 음식을 맛보다

298 ★
☐
☐ **shortage**
☐ [쇼-ㄹ티쥐]

short ㈐ 부족한; 짧은
028
㊀ lack 부족, 결핍

㈐ 부족

로한 씨는 **shortage**를 피하려고 종이를 더 주문했다.
Ms. Lohan ordered more paper to avoid a **shortage**.

기출표현	an inventory shortage 재고 부족
	be short of ~이 부족하다

299 ★
☐
☐ **reject**
☐ [뤼-젝(트)]

rejection ㈐ 거절

㊀ refuse 거절[거부]하다
250
㉝ accept 수락하다

㈌ 거절[거부]하다; 부정하다

그 소포는 반송 주소 누락으로 인해 **reject**되었다.
The package was **rejected** due to the missing return address.

출제 포인트
동사 reject는 목적어를 가지는 타동사로 명사 proposal(제안), claim
(주장) 등과 함께 출제된다.
reject a proposal 제안을 거절하다
reject a claim 주장을 인정하지 않다

300 ★
☐ **fragile**
☐ 미 [쁘래쥘]
☐ 영 [쁘래좌일]

㈐ 깨지기 쉬운, 취약한

fragile한 물품은 항상 각별히 주의하여 포장된다.
Fragile items are always packed with extra care.

기출표현	handle fragile items 깨지기 쉬운 물품들을 다루다

Part 2

질의응답 필수 어휘

어떤 사실이나 의견을 전달하거나, 상대방에게 동의를 구할 때 사용하는 질의응답에 빈출되는 아래 어휘와 예문을 들어보세요.

■ **submit** 제출하다

I have just **submitted** the proposal.
지금 막 제안서를 제출했어요.

■ **report** 보고(서); 보고하다

Yes, I finished the budget **report**.
네, 예산 보고서를 끝냈어요.

■ **actually** 사실은

Actually, I just ordered the dish.
사실, 저는 이제 막 음식을 주문했어요.

■ **vacation** 휴가, 방학

I'll be on **vacation** next Monday.
저는 다음 주 월요일에 휴가입니다.

■ **candidate** 지원자, 후보자

You prefer the experienced **candidate**, don't you?
그 경력 있는 지원자를 선호하시죠, 그렇죠?

■ **excuse** 양해를 구하다; 변명, 해명

Excuse me, I have an appointment with Dr. Green.
실례합니다만, 저는 그린 박사님과 약속이 있습니다.

■ **figure** 수치; 생각하다

No, it was this month's sales **figures**.
아니요, 그것은 이번 달 매출액이었어요.

■ **lease** 임대차 계약

This **lease** can be renewed, right?
이 임대차 계약은 갱신될 수 있죠, 그렇죠?

■ **local** 현지의, 지역의

I'll visit the **local** restaurant.
저는 그 현지 음식점을 방문할 거예요.

■ **purchase** 구매; 구매하다

Your **purchase** order is not complete.
귀하의 구매 주문이 완료되지 않았습니다.

■ **retirement** 퇴직, 은퇴

You've been invited to the **retirement** party, haven't you?
그 퇴직 기념 파티에 초대받았죠, 그렇죠?

■ **option** 선택, 옵션

I think that **option** is best.
제 생각에는 그 선택이 최선인 것 같아요.

Check Up!

A 다음 영어 단어와 알맞은 뜻을 바르게 연결해보세요.

01 additional •   • ⓐ 즉시; 직접적으로

02 handle •   • ⓑ 재고(품); 재고로 보유하다

03 immediately •   • ⓒ 추가의

04 stock •   • ⓓ 개인적인

05 personal •   • ⓔ 다루다, 처리하다

B 문맥에 맞는 어휘를 골라 빈칸을 채우세요.

06 로즈 씨는 아마 다음 주에 물품을 받을 것으로 _____할 것이다.

07 유감스럽게도, 주문 시스템은 _____ 이용할 수 없습니다.

08 반품되는 물품들은 모두 _____한 포장 상태로 보내져야 합니다.

09 그 소포는 반송 주소 누락으로 인해 _____되었다.

ⓐ original   ⓑ express   ⓒ reject   ⓓ expect   ⓔ currently

C 빈칸에 들어갈 알맞은 어휘를 고르세요.

10 The warehouse workers ------- the address labels to the top of each box.
   ⓐ attach   ⓑ process

11 Large orders may have to be loaded onto two or more ------- trucks.
   ⓐ separately   ⓑ separate

12 Please use extra packing materials for fragile items to ------- damage.
   ⓐ prevent   ⓑ place

01 ⓒ 02 ⓔ 03 ⓐ 04 ⓑ 05 ⓓ 06 ⓓ 07 ⓔ 08 ⓐ 09 ⓒ 10 ⓐ 11 ⓑ 12 ⓐ

01 Burlington Inn is ------- the best hotel for business travelers.

(A) modified
(B) located
(C) enrolled
(D) considered

04 Ms. Sandia received a discount on the blender because it was ------- scratched.

(A) slighter
(B) slight
(C) slightly
(D) slightest

02 Fast Airlines offers a number of flights to San Francisco at ------- prices.

(A) affordable
(B) affords
(C) afforded
(D) afford

05 Maloney International will host a ------- of lunchtime lectures for all staff members.

(A) shortage
(B) recipient
(C) series
(D) method

03 According to the tracking information, the package is ------- at a sorting facility.

(A) immediately
(B) fully
(C) normally
(D) currently

06 Express shipping is ------- for a small additional charge of $5.95.

(A) available
(B) recent
(C) exceptional
(D) fragile

07 Ms. Henderson's salary as the branch manager ------- her expectations.

(A) ensured
(B) exceeded
(C) practiced
(D) compared

08 To view our hand-crafted wooden furniture, ------- visit our Web site at www.meridithfurniture.com.

(A) relatively
(B) exactly
(C) separately
(D) simply

09 Edgar Inc. ------- three weeks of paid vacation time to full-time employees every year.

(A) requires
(B) provides
(C) purchases
(D) earns

10 The vice president led a training session on the best ways to increase team -------.

(A) produces
(B) productive
(C) productivity
(D) productively

11 The new Web site allows us to ------- special requests from customers easily.

(A) entitle
(B) handle
(C) attach
(D) influence

12 The management team wants many employees to register for the ------- workshop on leadership.

(A) upcoming
(B) eligible
(C) numerous
(D) eager

어제 어휘 확인하기

● 어제 학습한 어휘를 얼마나 기억하고 있는지 확인하세요.

주문·배송

- 🔲 original
- 🔲 sample
- 🔲 personal
- 🔲 package
- 🔲 reject
- 🔲 damage
- 🔲 currently
- 🔲 process
- 🔲 attach
- 🔲 prevent
- 🔲 delay
- 🔲 stock
- 🔲 immediately
- 🔲 standard
- 🔲 shortage

- 🔲 express
- 🔲 expect
- 🔲 track
- 🔲 order
- 🔲 delivery
- 🔲 handle
- 🔲 additional
- 🔲 ensure
- 🔲 fragile
- 🔲 load
- 🔲 place
- 🔲 inventory
- 🔲 separate
- 🔲 content
- 🔲 shipment

암기한 어휘 개수 _____ / 30

고객 서비스

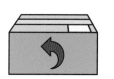

● 오늘 학습할 어휘를 그림과 함께 살펴볼까요?

return
반품하다

keep
유지하다

address
(문제 등을) 다루다

solution
해결(책)

apologize
사과하다

comment
의견

guarantee
보장하다

complaint
불평

compensation
보상(금)

reliable
신뢰할 수 있는

priority
우선 사항

commitment
약속

301 ★★★
□
□ **customer**
□ [커스터머ㄹ]

customized 형 개인 맞춤형의

㈜ client 고객
㈜ patron 고객

명 고객, 손님

홈 마트의 빠른 배송 서비스가 **customer** 만족도를 높인다.
Home Mart's fast delivery service increases **customer** satisfaction.

기출표현 customer satisfaction[confidence] 고객 만족도[신뢰도]
a loyal[regular] customer 단골 고객
a customized item 맞춤형 물품

302 ★★★
□
□ **complete**
□ [컴플리-(트)]

completion 명 완료, 완성
582 completely 부 완전히

㈜ fill out 작성하다

동 기입[작성]하다; 완료하다
형 완료된; 완전한

솔직한 의견으로 설문 조사를 **complete**하셔야 합니다.
You should **complete** the survey with your honest opinions.

기출표현 a complete explanation 완전한 설명
upon completion of the research 연구가 종료되자마자

303 ★★★
□
□ **return**
□ [뤼터ㄹ언]

동 반품하다, 돌려주다; 돌아오다
명 반품, 반납; 복귀; 수익

고객은 30일 이내에 제품을 매장으로 **return**할 수 있다.
Customers can **return** products to the store within thirty days.

기출표현 return to ~로 돌아가다, ~에게 돌려주다
a return policy 반품 정책
improve return rates 수익률을 개선하다

304 ★★
□
□ **form**
□ [포ㄹ옴]

formal 형 공식적인

㈜ format 형식, 서식

명 서식, 양식; 형태
동 구성하다, 형성되다

환불 요청 **form**의 하단에 서명해주세요.
Please sign your name at the bottom of the refund request **form**.

기출표현 an application form 신청서, 지원서
complete[fill out] the form 서식을 작성하다
form a team 팀을 구성하다

305 ★★★
□
□ **keep**
□ [키-(프)]

ⓤ maintain 유지하다

ⓥ 유지하다; 계속하다; 보관하다

저희는 항상 귀하의 개인 정보를 안전하게 **keep**합니다.
We always **keep** your personal information secure.

기출표현   keep in touch with ~와 연락하고 지내다
keep (on) *doing* 계속 ~하다
keep a receipt 영수증을 보관하다

306 ★★★
□
□ **representative**
□ [뤠프뤼**젠**터티(브)]

²¹⁰ represent ⓥ 대표하다
representation ⓝ 대표(하는 일)

ⓝ 대표(자), 대리인; 판매원
ⓐ 대표하는

저희 고객 서비스 **representative**들이 귀하의 질문은 무엇이든
답변해줄 것입니다.
Our customer service **representatives** will answer any of your
questions.

출제 포인트
representative vs. represent
문장 내 역할에 따라 알맞은 품사를 고르는 자리 문제로 출제된다.
They found a qualified sales (**representative**/~~represent~~).
(명사: 동사의 목적어) 그들은 자격 있는 영업 사원을 찾았다.
She will (~~representative~~/**represent**) the company.
(동사: 주어의 상태 서술) 그녀가 회사를 대표할 것이다.

307 ★★
□
□ **address**
□ [어드**뤠**(스)]

ⓥ (문제 등을) 다루다; (우편물을) 보내다
ⓝ 주소; 연설, 강연

오늘 회의는 우리의 반품 정책에 관해 **address**할 것입니다.
Today's meeting will **address** our return policy.

기출표현   address customer concerns 고객 우려 사항을 다루다
address a package 소포를 보내다
an inspiring keynote address 영감을 주는 기조 연설

308 ★★★

□□□ **respond** [뤼스빤-(드)]

[동] 응답[대응]하다; 반응하다; 답장을 보내다

response [명] 대응, 답장
responsive [형] 신속하게 대응하는

[유] reply 대답[답장]하다

저희는 고객 불만에 몇 분 안에 **respond**합니다.
We **respond** to customer complaints within minutes.

[기출표현] respond to ~에 응답[대응]하다
in response to ~에 응답[대응]하여
be responsive to ~에 신속하게 대응하다

309 ★★

□□□ **feedback** [삐-드백]

[명] 피드백, 의견, 반응

온라인 영화 서비스는 사용자들로부터 긍정적인 **feedback**을 받았다.
The online movie service received positive **feedback** from users.

[기출표현] provide *one's* feedback to ~에게 피드백을 주다
feedback on[about] ~에 대한 피드백

310 ★★

□□□ **solution** [썰루-션]

[명] 해결(책), 정답

solve [동] 해결하다

[유] answer 해결책, 답

고객은 그 문제에 대해 즉각적인 **solution**을 요구했다.
The client demanded an immediate **solution** to the problem.

[기출표현] an innovative[sensible] solution 획기적인[합리적인] 해결책
offer a solution to ~에 대한 해결책을 제공하다
solve a problem 문제를 해결하다

311 ★★

□□□ **apologize** [어팔-러좌이(즈)]

[동] 사과하다

apology [명] 사과

그 판매원은 재킷의 찢어진 부분에 대해 **apologize**했다.
The sales clerk **apologized** for the tear in the jacket.

[기출표현] sincerely apologize for ~에 대해 진심으로 사과하다
a sincere apology for ~에 대한 진심 어린 사과

312 ★★
☐☐☐ **resolve** [뤼잘-(브)]

[동] 해결하다; 다짐[결정]하다

resolution [명] 해결; 해상도
[유] settle 해결하다 055

카터 씨는 서비스 센터로 전화해서 대금 지불 문제를 **resolve**했다.
Ms. Carter called the service center to **resolve** the payment issue.

> **출제 포인트**
> Part 7의 동의어 문제로 출제된다. '(문제를) 해결하다, (해결책 등을) 생각해내다'의 의미로 쓰일 때 settle 또는 work out으로 바꿔쓸 수 있다.
> **resolve**[**settle**] a matter 문제를 해결하다
> **resolve**[**work out**] the details 세부 사항을 생각해내다

313 ★★
☐☐☐ **correct** [커뤡(트)]

[동] 바로잡다, 정정하다
[형] 정확한, 맞는

correction [명] 수정
correctly [부] 정확하게
[반] incorrect 부정확한, 틀린

고객님의 청구서상의 오류를 즉시 **correct**하겠습니다.
We will **correct** the error on your bill right away.

[기출표현] correct an error 오류를 바로잡다
provide correct information 정확한 정보를 제공하다
make a correction 수정하다
be addressed correctly 주소가 정확하게 기재되다

314 ★★
☐☐☐ **comment** [카-멘(트)]

[명] 의견, 논평; 지적
[동] 논평하다, 견해를 밝히다

저희 잡지에 관한 고객님의 온라인 **comment**에 감사드립니다.
Thank you for your online **comment** about our magazine.

[기출표현] a comment on[about] ~에 관한 의견
seek public comment 대중의 의견을 구하다

315 ★★
☐☐☐ **reward** [뤼워-ㄹ(드)]

[명] 보상(금)
[동] 보상하다

rewarding
[형] 수익이 많이 나는; 보람 있는

그 할인권은 단골 고객들을 위한 **reward**이다.
The coupons are a **reward** for regular patrons.

[기출표현] cash rewards 현금 보상
have a rewarding experience 보람 있는 경험을 하다

316 ★★★

□
□ **promptly**
□ [프람-(프)틀리]

(무) 즉시; 제때

prompt (형) 즉각적인
290
(유) immediately 즉시
(유) right away 즉시, 곧바로

카브레라 씨는 그 고객에게 **promptly** 다시 전화를 걸었다.
Mr. Cabrera **promptly** called the client back.

> **출제 포인트**
> promptly는 주로 submit(제출하다), respond(응답하다)와 같은 동사의 앞이나 뒤에서 동사를 수식하는 부사를 고르는 어휘 문제로 출제된다.
> be submitted **promptly** 즉시 제출되다
> **promptly** respond to all questions 모든 문의에 즉시 응답하다

317 ★★

□
□ **aware**
□ [어웨어ㄹ]

(형) 알고 있는, 인식[의식]하고 있는

awareness (명) 인식, 의식

(반) unaware 알지 못하는

5달러의 납입 연체료가 있다는 것을 **aware**해주세요.
Please be **aware** that there is a $5 fee for late payments.

기출표현 be aware of[that절] ~(라는 것)에 대해 알고 있다
raise public awareness of ~에 대한 대중의 인식을 높이다

318 ★★

□
□ **guarantee**
□ [개뤈티-]

(동) 품질 보증을 하다; 보장하다
(명) 보장; 품질 보증서

356
(유) assure 보장하다
270
(유) warranty 품질 보증서

플릿우드 스포츠 사는 자사 농구화의 품질을 **guarantee**한다.
Fleetwood Sports **guarantees** the quality of its basketball shoes.

기출표현 guarantee availability 이용 가능성을 보장하다
a one-year guarantee 1년짜리 품질 보증서

319 ★★

□
□ **complaint**
□ [컴플레인(트)]

(명) 불평, 항의; 고소

complain (동) 불평[항의]하다

그레이슨 극장은 **complaint**에 대응하여 극장표 가격을 낮췄다.
Grayson Theater lowered its ticket prices in response to
complaints.

기출표현 make[file] a complaint 항의를 하다, 불만을 제기하다
complain about[of] ~에 대해 불평하다

320 ★★
☐
☐ **inconvenience** 몡 불편, 불편한 것
[인컨**뷔**-니언(스)]

inconvenient 휑 불편한

뺸 convenience 편리, 편의

그 배송 지연은 큰 **inconvenience**를 유발할 것이다.
The delivery delay will cause a major **inconvenience**.

기출표현 apologize for the inconvenience 불편에 대해 사과하다

321 ★★
☐
☐ **compensation** 몡 보상(금), 이득; 보수
[캄-펜**쎄**이션]

compensate 동 보상하다

송 씨는 그녀의 고장 난 전화기에 대해 **compensation**을 받았다.
Ms. Song received **compensation** for her broken phone.

기출표현 offer compensation for ~에 대한 보상을 제공하다
compensate A for B A에게 B에 대해 보상하다

322 ★★
☐
☐ **frequent**
[쁘**뤼**-쿠원(트)]

휑 잦은, 빈번한

frequently 뵘 자주, 빈번히

frequent한 고객들은 NS 의류 사의 할인 프로그램에 가입할 수 있습니다.
Frequent customers can join NS Clothing's discount program.

기출표현 frequent customers 단골 고객
a frequent flyer 항공사 상용 고객
frequently asked questions (FAQ) 자주 하는 질문들

323 ★
☐
☐ **inquire**
[인쿠**와**이어ㄹ]

동 문의하다, 묻다; 조사하다

inquiry 몡 문의; 조사

뵨 ask 묻다

선물 포장에 관해 **inquire**하려면 카운터를 방문해주세요.
Please visit the counter to **inquire** about gift-wrapping.

기출표현 inquire about ~에 관해 문의하다
Thank you for your inquiry. 문의해 주셔서 감사합니다.

324 ★★

□ □ □ **reliable** [륄라이어블]

[형] 신뢰할[믿을] 수 있는; 믿을 만한, 안정적인

498 **rely** [동] 의지[의존]하다
reliability [명] 신뢰도
reliably [부] 확실하게

고객 만족도 1위

이노테크 사의 판매 후 서비스는 제품만큼이나 **reliable**하다.
Innotech's after-sales service is as **reliable** as its products.

> **출제 포인트**
> reliable vs. reliably
> 수식하는 대상에 따라 알맞은 품사를 고르는 자리 문제로 출제된다.
> the (**reliable**/~~reliably~~) service (형용사: 명사 수식)
> 신뢰할 수 있는 서비스
> function (~~reliable~~/**reliably**) (부사: 동사 수식)
> 확실하게 작동하다

325 ★★

□ □ □ **satisfied** [쌔티스빠이(드)]

[형] 만족한

satisfy [동] 만족시키다; 충족시키다
satisfying [형] 만족스러운
satisfaction [명] 만족(도)

[반] **dissatisfied** 불만족스러운

라슨 씨는 그 식당의 배려 깊은 직원들에게 **satisfied**했다.
Mr. Larsen was **satisfied** with the restaurant's attentive staff.

[기출표현] be satisfied with ~에 만족하다
a satisfied[dissatisfied] customer 만족한[불만족한] 고객
satisfy *one's* needs[demand] ~의 요구를 충족시키다

326 ★

□ □ □ **priority** [프라이어-뤄티]

[명] 우선 사항[순위], 우선권

189 **prior** [형] ~ 전[앞]에, 사전의

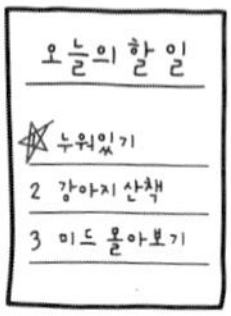
오늘의 할 일
누워있기
2 강아지 산책
3 미드 몰아보기

어번 데코의 최고 **priority**는 고객 요청을 빠르게 처리하는 것이다.
Urban Decor's top **priority** is processing customer requests quickly.

[기출표현] the top[highest] priority 최우선 사항
a priority of ~의 우선 순위

327 ★★
□
□ **attempt**
□ [어템(프)트]

㉤ try 시도하다; 시도

동 시도하다, 애써 해보다
명 시도

점장은 매장 수칙을 명확하게 설명하려고 **attempt**했다.
The store manager **attempted** to explain the store policy clearly.

| 기출표현 | attempt to *do* ~하려고 시도하다
| | in an attempt to *do* ~하려는 시도로[목적으로]

328 ★★
□
□ **defective**
□ [디쀀티(브)]

defect 명 결함

형 결함이 있는

defective한 제품은 무엇이라도 교환을 받으실 수 있습니다.
You can get a replacement for any **defective** product.

| 기출표현 | defective items[goods] 결함이 있는 제품

329 ★
□
□ **commitment**
□ [커밋먼(트)]

commit 동 약속하다, 헌신하다
㉤ dedication 헌신

명 약속; 헌신

DT 주식회사는 고객의 요구를 충족시켜드릴 것을 굳게
commitment 합니다.
DT Inc. has a strong **commitment** to serving its customers' needs.

| 기출표현 | have[make] a commitment to ~을 약속하다, ~에 헌신하다
| | be committed to ~에 헌신[전념]하다

330 ★
□
□ **complimentary** 형 무료의; 칭찬하는
□ [캄-플리멘트뤼]

compliment 명 칭찬
㉤ free 무료의

스파클 카페는 단골 고객들에게 **complimentary**한 디저트를
제공한다.
Sparkle Café offers **complimentary** dessert to regular customers.

| 기출표현 | include complimentary breakfast 무료 조식을 포함하다

Part 2

질의응답 필수 어휘

두 가지 선택 사항 중 어떤 것을 선택할지 묻고 답할 때 사용하는
질의응답에 빈출되는 아래 어휘와 예문을 들어보세요.

■ leave 떠나다; 남기다
Should we **leave** now or wait a bit?
우리는 지금 떠나야 하나요, 아니면 조금 더 기다려야
하나요?

■ express 급행의
Do you want to use basic or **express**
shipping?
기본 배송을 사용하길 원하세요, 아니면 급행 배송을
사용하길 원하세요?

■ prefer 선호하다
I **prefer** Italian food.
저는 이탈리아 음식을 선호해요.

■ break 휴식 (시간)
Our lunch **break** is 30 minutes long.
우리 점심 휴식 시간은 30분이에요.

■ accept 받아주다
We don't **accept** credit cards.
저희는 신용 카드를 받지 않습니다.

■ favorite 아주 좋아하는 것; 마음에 드는
Both of them are my **favorite**.
두 가지 모두 제가 가장 좋아하는 거예요.

■ cater 맞춤 음식을 제공하다
Are you having the party **catered** or going
to a restaurant?
파티에 맞춤 음식을 제공받으실 건가요, 아니면
식당으로 가실 건가요?

■ copy 사본; 복사하다
Can I submit this original receipt, or should
I make a **copy** of it?
이 원본 영수증을 제출해도 되나요, 아니면 복사본을
만들어야 하나요?

■ order 주문하다; 주문(품)
Should I **order** the office supplies online or
buy them at the store?
사무용품을 온라인으로 주문해야 하나요, 아니면
매장에서 사야 하나요?

■ client 고객
Will you meet the **client** today or
tomorrow?
그 고객을 오늘 만나실 건가요, 아니면 내일 만나실
건가요?

■ either 어느 하나
I can use **either** of them.
저는 둘 중 어느 것이든 사용할 수 있어요.

■ appointment 약속, 예약
Would you like to cancel the **appointment**
or not?
그 약속을 취소하시겠어요, 안 하시겠어요?

Check Up!

A 다음 영어 단어와 알맞은 뜻을 바르게 연결해보세요.

01 complimentary •　　　　　　• ⓐ 알고 있는

02 attempt •　　　　　　• ⓑ 시도하다; 시도

03 respond •　　　　　　• ⓒ 약속; 헌신

04 aware •　　　　　　• ⓓ 무료의; 칭찬하는

05 commitment •　　　　　　• ⓔ 응답[대응]하다

B 문맥에 맞는 어휘를 골라 빈칸을 채우세요.

06 솔직한 의견으로 설문 조사를 ＿＿＿＿＿＿＿＿하셔야 합니다.

07 오늘 회의는 우리의 반품 정책에 관해 ＿＿＿＿＿＿＿＿할 것입니다.

08 그 할인권은 단골 고객들을 위한 ＿＿＿＿＿＿＿＿이다.

09 ＿＿＿＿＿＿＿＿한 제품은 무엇이라도 교환을 받으실 수 있습니다.

ⓐ complete　　ⓑ address　　ⓒ defective　　ⓓ complaint　　ⓔ reward

C 빈칸에 들어갈 알맞은 어휘를 고르세요.

10 Shoppers should use the customer service counter to ------- merchandise to the store.
　ⓐ return　　　　　　　　　　ⓑ guarantee

11 HT Internet is one of the most ------- service providers in the region.
　ⓐ reliable　　　　　　　　　　ⓑ reliably

12 Overall, customers are ------- with Primo Software's technical support hotline.
　ⓐ correct　　　　　　　　　　ⓑ satisfied

01 ⓓ 02 ⓑ 03 ⓔ 04 ⓐ 05 ⓒ 06 ⓐ 07 ⓑ 08 ⓔ 09 ⓒ 10 ⓐ 11 ⓐ 12 ⓑ

어제 어휘 확인하기

● 어제 학습한 어휘를 얼마나 기억하고 있는지 확인하세요.

고객 서비스

- [ ] commitment
- [ ] return
- [ ] complimentary
- [ ] guarantee
- [ ] promptly
- [ ] reliable
- [ ] address
- [ ] solution
- [ ] priority
- [ ] reward
- [ ] representative
- [ ] frequent
- [ ] compensation
- [ ] resolve
- [ ] inquire

- [ ] feedback
- [ ] complete
- [ ] keep
- [ ] customer
- [ ] defective
- [ ] inconvenience
- [ ] form
- [ ] complaint
- [ ] correct
- [ ] respond
- [ ] attempt
- [ ] apologize
- [ ] satisfied
- [ ] comment
- [ ] aware

암기한 어휘 개수 _____ / 30

DAY 12

유지·보수·관리

● 오늘 학습할 어휘를 그림과 함께 살펴볼까요?

instead
(그) 대신에

identify
밝혀내다

estimate
견적서

renovate
개조하다

cause
야기하다; 원인

measure
측정하다

extensive
광범위한

remove
제거하다

sudden
갑작스러운

disruption
지장, 방해

assure
장담하다

connect
연결하다

143

단어와 의미를 먼저 암기하세요.

331 ★★★
□ **note**
□
□ [노우(트)]

[동] 주의[주목]하다; 언급하다
[명] 메모, 노트, 기록

notable [형] 주목할 만한; 유명한

벽면에 덜 마른 페인트가 있다는 것에 **note**하세요.
Please **note** that there is wet paint on the walls.

[기출표현] note that절 ~라는 것을 주의하다
take[make] a note of ~을 적다[메모하다]
a notable speaker 유명한 연설자

332 ★★★
□ **repair**
□
□ [뤼페어ㄹ]

[동] 수리[보수]하다
[명] 수리, 보수

[유] fix 수리하다, 고치다

에드워즈 씨는 로비의 고장 난 문을 **repair**했다.
Mr. Edwards **repaired** the broken door in the lobby.

[기출표현] repair a damaged item 손상된 물품을 수리하다
in need of repair 수리가 필요한
under repair 수리[보수] 중인

333 ★★★
□ **instead**
□
□ [인스떼(드)]

[부] (그) 대신에

[유] alternatively 그 대신에

메인 가가 보수 중이어서 우리는 **instead** 브로드 가를 탔다.
Main Street was under repair, so we took Broad Street **instead**.

[기출표현] instead of ~ 대신에

334 ★★★
□ **maintenance**
□
□ [메인터넌(스)]

[명] 유지 (보수), 정비

maintain [동] 유지하다; 주장하다

이 복사기는 현재 **maintenance** 작업을 위해 정지되었습니다.
This copier is currently shut down for **maintenance** work.

[기출표현] maintenance work 유지 보수 작업
the maintenance department 관리 부서
maintain steady sales 꾸준한 매출을 유지하다

335 ★★★
□
□ **identify**
□ [아이덴티빠이]

ⓢ 밝혀내다; (신원 등을) 확인하다

identification ⓝ 신분증; 식별
identity ⓝ 신분; 정체성

그 기술자는 시스템 오작동의 원인을 **identify**했다.
The technician **identified** the reason for the system's malfunction.

기출표현 identify a reason for ~의 원인[이유]을 밝혀내다
bring an employee identification 직원 신분증을 가져오다

336 ★★★
□
□ **replace**
□ [뤼플레이(스)]

ⓢ 교체하다; 대신하다

replacement ⓝ 교체(물); 후임자
566
ⓨ substitute 대신하다; 대체물

그 오래된 공구들은 새 장비로 **replace**되어야 한다.
The old tools should be **replaced** with new equipment.

기출표현 a replacement part 교체 부품
a replacement for the position 그 직위의 후임자

출제 포인트
replace vs. substitute
의미상 유사한 어휘 replace와 substitute(대신하다)의 차이를 구
별하도록 하자. replace의 목적어로는 교체할 대상이 오는 반면,
substitute의 목적어로는 대체되어 사용될 것이 온다.
replace old furniture with new one
오래된 가구를 새것으로 교체하다
substitute new furniture for old one
새로운 가구로 오래된 것을 대신하다

---

337 ★★★
□
□ **estimate**
□ 명 [에스티머(트)]
□ 동 [에스티메이(트)]

ⓝ 견적서; 추정(치)
ⓢ 추정[추산]하다, 평가하다

견적서

브릭스 씨는 조경 공사에 대한 비용 **estimate**를 요청했다.
Ms. Briggs requested a cost **estimate** for the landscaping.

기출표현 a rough estimate 대략적인 추정치
an estimated delivery date 추정되는 배송일

338 ★★
□□□ **renovate** [뤠너붸이(트)]

[동] 개조[보수]하다

renovation [명] 개조, 보수

오스틴 보험사는 본사의 로비를 **renovate**할 것이다.
Austin Insurance will **renovate** the lobby of its headquarters.

[기출표현] be recently renovated 최근에 개조되다
begin a renovation project 개조 프로젝트를 시작하다

339 ★★
□□□ **finally** [빠이널리]

[부] 마침내; 마지막으로

086 finalize [동] 마무리 짓다
final [형] 최종적인; 마지막의
[유] eventually 마침내, 결국
[유] lastly 마지막으로

그 건축 프로젝트를 위한 자재들이 **finally** 도착했다.
The supplies for the building project have **finally** arrived.

[기출표현] be finally approved 마침내 승인되다
a final decision 최종 결정

340 ★★
□□□ **cause** [커-(즈)]

[동] 야기하다, 초래하다
[명] 원인, 이유

물이 새는 수도관이 벽면에 손상을 **cause**했다.
The leaky pipe **caused** damage to the wall.

[기출표현] cause A to *do* A가 ~하는 것을 야기하다
the cause of a problem 문제의 원인

341 ★★★
□□□ **clearly** [클리얼리]

[부] 분명히, 또렷하게

584 clear [형] 알아듣기[알아보기] 쉬운
[유] obviously 분명히

작업 요청서에 그 문제를 **clearly**하게 서술해주세요.
Please describe the issue **clearly** on the work request form.

출제 포인트
clearly vs. clear
문장 내 역할에 따라 알맞은 품사를 고르는 자리 문제로 출제된다.
be (**clearly**/~~clear~~) visible (부사: 형용사 수식) 또렷하게 보이다
make the report (~~clearly~~/**clear**) (형용사: 보어 역할)
보고서를 명료하게 하다

342 ★★
□ **usually**
□
□ [유-쥘리]

[부] 보통, 대개

usual [형] 보통의, 평상시의
179
[유] normally 보통(은)

그 새로운 시스템은 설치하는 데 **usually** 하루가 걸린다.
The new system **usually** takes a day to install.

[기출표현] usually arrive early 보통 일찍 도착하다
as usual 평상시처럼

343 ★★
□ **measure**
□
□ [메줘ㄹ]

[동] 측정하다; 판단[평가]하다
[명] 조치, 정책

measurement [명] 치수; 측정

헤이스팅스 씨는 새 카펫을 깔기 위해 바닥을 **measure**했다.
Ms. Hastings **measured** the floor to install a new carpet.

[기출표현] safety[security] measures 안전[보안] 조치
correct[accurate] measurements 정확한 치수

344 ★
□ **interrupt**
□
□ [인터뤕(트)]

[동] 방해하다, 중단시키다

interruption [명] 중단, 방해

데이터베이스 유지 보수가 3시간 동안 서비스를 **interrupt**할 것입니다.
Database maintenance will **interrupt** service for three hours.

[기출표현] interrupt the services of ~의 서비스를 중단시키다
without interruption 중단 없이

345 ★★
□ **temporary**
□
□ [템퍼뤄뤼]

[형] 임시의, 일시적인

temporarily [부] 일시적으로
[유] tentative 잠정적인, 임시의
024
[반] permanent 영구[영속]적인

보수하는 동안에 우리는 **temporary**한 사무실 공간으로 옮겼다.
We moved to a **temporary** office space during the renovations.

[기출표현] take a temporary measure 임시 조치를 취하다
temporarily block the entrance 일시적으로 출입구를 막다

346 ★★

□ **plumbing** [명] 배관, 배관 작업

□ [플러밍]

□

plumber [명] 배관공

조사관이 **plumbing**에서 새는 곳을 찾아냈다.
The inspector found some leaks in the **plumbing**.

[기출표현] problems with the plumbing system 배관 시스템의 문제

347 ★★★

□ **extensive** [형] 광범위한, 폭넓은; 대규모의

□ [익스뗀씨(브)]

□

464 extend [동] 늘리다; 넓히다
extension [명] 확대
extensively [부] 광범위하게

그 사무실은 **extensive**한 개조 이후에 매우 달라 보였다.
The office looked very different after an **extensive** renovation.

[기출표현] be extensively reviewed 폭넓게 검토되다

출제 포인트
〈형용사+명사〉 콜로케이션에서 형용사 어휘를 묻는 문제로 출제된다. 함께 어울려 쓰이는 experience(경력), research(연구), knowledge(지식) 등의 명사들과 함께 한 단어처럼 기억하자.
extensive experience 폭넓은 경험
extensive knowledge 광범위한 지식

348 ★★

□ **function** [동] 기능[작동]하다, 작용하다

□ [뻥션] [명] 기능

□

functionality [명] 기능(성), 목적
functional [형] 기능적인
[유] 372 operate 작동하다
[반] malfunction 오작동하다; 고장

그 무선 드릴은 배터리가 완전히 충전되었을 때 가장 잘 **function**한다.
The cordless drill **functions** best when the battery is full.

[기출표현] function reliably 확실하게 작동하다
a power-saver function 절전 기능

349 ★★

□ **remove** [동] 제거하다, 치우다; 벗다

□ [뤼무-(브)]

□

removal [명] 제거
removable [형] 떼어낼 수 있는

그 작업조는 방 안쪽의 더러운 벽지를 **remove**했다.
The crew **removed** the dirty wallpaper from inside the room.

[기출표현] be removed from ~에서 제거되다
removal of trash 쓰레기 제거

350 ★★

□ □ □ regular
[**뤠**귤러ㄹ]

[형] 정기적인, 규칙적인; 일반적인; 단골의

regularly [부] 정기적으로
[유] routine[353] 정례적인
[반] irregular 불규칙한

건물의 엘리베이터들은 **regular**한 안전 점검을 받아야 한다.
The elevators in the building should have **regular** safety checks.

[기출표현] on a regular basis 정기적으로
regular business hours 통상 업무[영업]시간
meet regularly 정기적으로 만나다

351 ★★

□ □ □ sudden
[써든]

[형] 갑작스러운

suddenly [부] 갑자기

그 **sudden**한 정전은 낡은 전선에 의해 유발되었다.
The **sudden** power outage was caused by old wiring.

[기출표현] a sudden increase[surge] in ~의 급작스러운 증가
suddenly become popular 갑자기 유명해지다

352 ★★

□ □ □ restoration
[뤠스터**뤠**이션]

[명] 복원, 복구; 회복

restore [동] 복원[회복]하다

그 **restoration** 작업이 박물관을 원래의 상태로 되돌려놓았다.
The **restoration** work returned the museum to its original condition.

[기출표현] the restoration of ~의 복원[복구]
restore A to B A를 B의 상태로 복원[회복]하다

353 ★

□ □ □ routine
[루-**티**인]

[형] 정례[정기]적인; 일상적인
[명] (규칙적인) 순서, 방법; 일과

routinely [부] 정례적으로
[유] regular[350] 정기적인

그 공장은 설비에 **routine**한 유지 보수 작업을 매주 실시한다.
The factory performs **routine** maintenance on its facilities weekly.

[기출표현] routine maintenance 정기적인 유지 보수 작업
one's daily routine ~의 일과
routinely ask for feedback 정기적으로 피드백을 요청하다

354 ★★

□
□ **disruption**
□ [디스럽션]

명 지장, 방해; 혼란

disrupt 동 방해하다

유 interruption 중단, 방해

정비 작업이 철도 운행에 **disruption**을 초래했다.
Maintenance activity caused **disruptions** to rail services.

기출표현 minimize disruptions 방해를 최소화하다
disrupt a schedule 일정에 지장을 주다

355 ★★

□
□ **properly**
□ [프롸-퍼ㄹ리]

부 제대로, 적절히, 올바로

proper 형 적절한, 올바른

케이블은 전문 기사에 의해 **properly**하게 설치되어야만 한다.
The cables must be **properly** set up by an expert engineer.

기출표현 work[function] properly 제대로 작동하다
the proper use of a machine 기계의 올바른 사용

356 ★

□
□ **assure**
□ [어슈어ㄹ]

동 장담하다, 보장하다

assurance 명 장담, 보장
318
유 guarantee 보장하다

셀비 씨는 우리에게 자재들이 충분히 튼튼하다고 **assure**했다.
Mr. Selby **assured** us that the materials were strong enough.

> **출제 포인트**
> assure vs. ensure
> 4형식 동사 assure와 3형식 동사 ensure(보장하다)의 차이를 구별하
> 도록 하자.
> He (**assured**/~~ensured~~) us that repairs would be done on time.
> (4형식: 주어+동사+간접목적어+직접목적어)
> 그는 우리에게 수리가 제때 마무리될 것이라고 장담했다.
> He (~~assured~~/**ensured**) that repairs would be done on time.
> (3형식: 주어+동사+목적어) 그는 수리가 제때 마무리될 것을 보장했다.

357 ★★
□□□ inspection
[인스뻭션]

[명] 점검, 검토; 시찰

inspect [동] 점검하다
inspector [명] 조사관

[유] examination 조사, 검토

다음 안전 **inspection**은 11월 15일에 예정되어 있다.
The next safety **inspection** is scheduled for November 15.

[기출표현] the inspection of a building 건물의 점검
be inspected monthly 매달 점검되다
a certified inspector 공인 조사관

358 ★★
□□□ particular
[퍼ㄹ티큘러ㄹ]

[형] 특정한, 특별한

particularly [부] 특히

[유] specific 056 특정한; 구체적인

이 **particular**한 공간은 공구를 보관하는 용도로만 사용된다.
This **particular** space is only used for storing tools.

[기출표현] in particular 특히
in a particular area 특정 지역[구역]에서
be particularly effective in ~에 특히 효과적이다

359 ★
□□□ examine
[이(그)재빈]

[동] 조사하다, 검토하다

examination [명] 조사, 검토; 검진

[유] inspect 점검하다

타일러 씨는 문제점을 찾기 위해 그 기계를 **examine**했다.
Mr. Tyler **examined** the machinery to find the problem.

[기출표현] examine strategies 전략을 검토하다
schedule an examination 검진 일정을 잡다

360 ★
□□□ connect
[커넥(트)]

[동] 연결하다; 접속하다; 관련짓다

connection [명] 연결; 인맥
connected [형] 관련된; 연결된

가버 씨의 컴퓨터는 중앙 프린터에 **connect**되어있다.
Ms. Garber's computer is **connected** to the main printer.

[기출표현] connection between A and B A와 B의 연결[관련]
business connections 사업적 인맥
stay connected with ~와 연락하고 지내다

Part 2

질의응답 필수 어휘

상대방에게 제안이나 부탁을 하거나 허락을 구할 때 사용하는
질의응답에 빈출되는 아래 어휘와 예문을 들어보세요.

■ **let's** ~합시다

Let's meet at the restaurant.
그 식당에서 만납시다.

■ **would like to** *do* ~하고 싶다

Would you **like to** meet this Friday?
이번 주 금요일에 만날래요?

■ **Why don't you ~?** ~하는 게 어때요?

Why don't you call the maintenance team?
정비팀에 전화하는 게 어때요?

■ **close** 닫다; 가까운

Yes, you can **close** the store earlier today.
네, 오늘 매장을 더 일찍 닫으셔도 됩니다.

■ **include** 포함하다, 넣다

Sure, I will **include** the maps in the
brochure.
네, 안내 책자에 그 지도를 넣을게요.

■ **recommend** 추천하다

Would you **recommend** an informative
session for me?
제게 유익한 수업을 추천해주시겠어요?

■ **present** 발표하다

I'd like you to **present** your proposal at the
meeting.
회의에서 당신의 제안서를 발표해주셨으면 좋겠어요.

■ **Could you ~?** ~해주실 수 있어요?

Could you wait a bit more?
조금만 더 기다려주실 수 있나요?

■ **schedule** 일정; 일정을 잡다

Please update the **schedule** for this week.
이번 주 일정을 업데이트해주세요.

■ **extend** 연장하다

Can I **extend** the due date for the project?
프로젝트 마감일을 연장할 수 있을까요?

■ **Do you mind** *doing* ~?
~해주실 수 있어요?

Do you mind reviewing this budget report
for me?
저를 위해 이 예산 보고서를 검토해주실 수 있나요?

■ **How about** *doing* ~?
~하는 게 어때요?

How about having a lunch together?
점심 같이 먹는 게 어때요?

Check Up!

A 다음 영어 단어와 알맞은 뜻을 바르게 연결해보세요.

01 replace •   • ⓐ 특정한, 특별한

02 particular •   • ⓑ 교체하다; 대신하다

03 function •   • ⓒ 지장, 방해

04 disruption •   • ⓓ 기능하다; 기능

05 renovate •   • ⓔ 개조[보수]하다

B 문맥에 맞는 어휘를 골라 빈칸을 채우세요.

06 에드워즈 씨는 로비의 고장 난 문을 _____했다.

07 타일러 씨는 문제점을 찾기 위해 그 기계를 _____했다.

08 셀비 씨는 우리에게 자재들이 충분히 튼튼하다고 _____했다.

09 건물의 엘리베이터들은 _____한 안전 점검을 받아야 한다.

| ⓐ assure | ⓑ examine | ⓒ sudden | ⓓ regular | ⓔ repair |

C 빈칸에 들어갈 알맞은 어휘를 고르세요.

10 This leaking pipe ------- needs to be repaired.
   ⓐ clear   ⓑ clearly

11 We need an electrician with ------- experience to handle this difficult job.
   ⓐ extensive   ⓑ temporary

12 The company will send me an ------- for replacing the roof.
   ⓐ inspection   ⓑ estimate

01 ⓑ 02 ⓐ 03 ⓓ 04 ⓒ 05 ⓔ 06 ⓔ 07 ⓑ 08 ⓐ 09 ⓓ 10 ⓑ 11 ⓐ 12 ⓑ

어제 어휘 확인하기

● 어제 학습한 어휘를 얼마나 기억하고 있는지 확인하세요.

유지·보수·관리

- remove
- plumbing
- function
- examine
- sudden
- finally
- note
- maintenance
- inspection
- cause
- regular
- repair
- usually
- assure
- particular

- renovate
- interrupt
- instead
- identify
- temporary
- estimate
- extensive
- replace
- properly
- connect
- clearly
- restoration
- measure
- routine
- disruption

암기한 어휘 개수 _____ / 30

DAY 13

제품 개발·생산

● 오늘 학습할 어휘를 그림과 함께 살펴볼까요?

facility
시설

line
제품(군)

equipment
장비, 설비

feature
특징, 특색

research
연구, 조사

manual
설명서

follow
따르다

successful
성공적인

initial
처음의, 최초의

manufacture
제조[생산]하다

unique
독특한

attention
주의, 주목

단어와 의미를 먼저 암기하세요.

361 ★★★
□ **product**
□
□ [프롸-덕(트)]

[명] 제품, 생산물

produce [동] 생산하다
[명] 농산물
production [명] 생산, 제조

이 신규 **product**는 내년에 매장에서 판매될 것이다.
This new **product** will be sold in stores next year.

[기출표현] product development 제품 개발
produce up to 100 items 물품을 100개까지 생산하다
farm produce 농산물
production costs 생산 비용

362 ★★★
□ **several**
□
□ [쎄(브)뤌]

[형] 몇몇의; 각각의
[대] 몇 개[사람], 여러 개[사람]

생산 작업장의 **several**한 기계들이 오늘 작동하지 않는다.
Several machines on the production floor are not working today.

출제 포인트
형용사 several 뒤 빈칸에 알맞은 명사의 형태를 고르는 수일치 문제로 출제된다. several 뒤에는 복수 명사가 온다는 것을 기억하자. 또한, 대명사로도 출제되므로 대명사 쓰임도 알아두자.
several (~~store~~/**stores**) in the area 그 지역의 몇몇 상점들
Several of them attended the meeting. (대명사 쓰임)
그들 중 몇 사람이 회의에 참석했다.

363 ★★★
□ **facility**
□
□ [뿨씰러티]

[명] 시설, 설비

facilitate [동] 용이하게 하다
[유] amenity 편의 시설 533

MP 자동차가 생산량을 늘리기 위해 최근에 생산 **facility**를 개선했다.
MP Motors recently upgraded its production **facilities** to increase output.

[기출표현] a tour of a facility 시설 견학
kitchen[recreational] facilities 주방설비[오락 시설]
facilitate the development of tourism
관광 산업 발전을 용이하게 하다

364 ★★★

□
□ **allow**
□ [얼라우]

ⓢ 허용[허락]하다; 가능하게 하다

allowance ⓝ 허용량
⁴⁸⁸
ⓨ permit 허용[허락]하다

로럴 주식회사는 제품 테스터들이 기기를 가지도록 **allow**한다.
Laurel Inc. **allows** product testers to keep the devices.

기출표현	allow A to *do* A가 ~하도록 허용하다
	a baggage allowance 수화물 허용량

365 ★★

□
□ **line**
□ [라인]

ⓝ 제품(군); 줄; (작업) 라인; 전화(선)
ⓢ 줄을 세우다

보티 식품은 저지방 간식의 새로운 **line**을 만들었다.
Botti Foods created a new **line** of low-fat snacks.

기출표현	carry a new line of (상점 등이) ~의 신상품군을 취급하다
	the production line 생산 라인

366 ★★★

□
□ **safety**
□ [쎄이(쁘)티]

ⓝ 안전(성)

safe ⓐ 안전한
ⓝ 금고
safely ⓐ 안전하게

우리는 시설 **safety**를 보장하기 위해 매월 점검을 합니다.
We have a monthly inspection to ensure facility **safety**.

기출표현	safety gear[inspection] 안전 장비[점검]
	address a safety issue 안전 문제를 다루다
	handle products safely 제품을 안전하게 다루다

367 ★★★

□
□ **equipment**
□ [이쿠윕먼(트)]

ⓝ 장비, 설비; 용품

⁵²⁷ equip ⓢ 장비를 갖추다

공장 **equipment**의 일부가 전기 문제로 인해 고장 났다.
Some of the factory **equipment** broke down due to electrical problems.

> **출제 포인트**
> 명사 equipment는 토익에 출제되는 대표적인 셀 수 없는 명사로, 앞에 부정관사 a(n)을 쓸 수 없고, 복수형도 없다는 점을 기억하자.
> ~~a~~ manufacturing **equipment** 제조 설비
> bring proper (**equipment**/~~equipments~~) 적절한 장비를 가져오다

368 ★★★

□□□ **improve** [임프루웁]

[동] 개선하다, 향상시키다

518 improvement [명] 개선, 향상
improved [형] 개선된
170 [유] enhance 높이다, 향상시키다

디자인팀이 그 의자의 형태를 **improve**하기 위해 노력하고 있다.
The design team is working to **improve** the chair's shape.

[기출표현] improve the quality of ~의 품질을 향상시키다
for improved user experience 개선된 사용자 경험을 위해

369 ★★

□□□ **feature** [퓌-쳐ㄹ]

[명] 특징, 특색
[동] 특징으로 갖추다; 특집으로 다루다

와이엇 사의 새 스마트폰은 이전보다 더 많은 **feature**들을 가지고 있다.
Wyatt Co.'s new smartphone has more **features** than before.

[기출표현] a feature of ~의 특징[특색]
feature a cast 출연진을 특징으로 갖추다
a featured article 특집 기사

370 ★★

□□□ **material** [머티리얼]

[명] 재료, 소재; 자료

그 그릇은 균열을 방지하기 위해 튼튼한 **material**로 만들어졌다.
The bowl is made from a strong **material** to prevent cracking.

[기출표현] construction materials 건설 자재

371 ★★★

□□□ **research** [뤼써-ㄹ취]

[명] 연구, 조사
[동] 연구[조사]하다

researcher [명] 연구원

우리 **research**에 따르면 사용자들은 더 큰 휴대폰 화면을 선호합니다.
According to our **research**, users prefer larger phone screens.

출제 포인트
명사 research는 토익에 출제되는 대표적인 셀 수 없는 명사이다. 반면, 유사한 의미의 study(연구), survey(조사)는 셀 수 있는 명사라는 점을 기억하자.
conduct ~~a~~ **research**[a study] 연구를 수행하다

372 ★★
□
□ **operate**
□ [아-퍼뤠이(트)]

(동) 작동하다, 가동시키다; 운영[영업]하다

operation (명) 작동; 수술
operator
(명) (장비 등의) 기사, 운영자
operational (형) 작동 가능한

작업자들은 아주 조심해서 그 절단기를 **operate**해야 한다.
Workers should **operate** the cutting machine with great care.

| 기출표현 | operate a machine 기계를 작동하다
be in operation 가동 중이다
seek an equipment operator 장비 기사를 찾다
be operational 작동 가능하다 |

373 ★★
□
□ **develop**
□ [디**벨**럽]

(동) 개발하다; 발달[성장]하다

development (명) 개발; 발달
developer (명) 개발자

클레멘트 소프트웨어 사는 신규 회계 프로그램을 **develop**했다.
Clement Software **developed** a new accounting program.

| 기출표현 | develop a software program
소프트웨어 프로그램을 개발하다
developed[developing] countries 선진국[개발도상국]
recent developments in ~에서의 최근의 발전[성장] |

374 ★★
□
□ **assembly**
□ [어**쎔**블리]

(명) 조립; 의회

assemble (동) 조립하다; 모으다

그 결함은 자동차의 **assembly** 중에 발생했다.
The defect was created during the **assembly** of the car.

| 기출표현 | the assembly of ~의 조립
the assembly line[process] 조립 라인[공정]
assemble a team 팀을 모으다 |

375 ★★
□
□ **manual**
□ [매뉴얼]

(명) 설명서, 안내서
(형) 수동의

manually (부) 손으로

그 기계의 수리에 관한 지시 사항은 **manual**에서 확인하세요.
Check the **manual** for instructions on repairing the machine.

| 기출표현 | an employee manual 직원 안내서
consult a manual 설명서를 찾아보다 |

376 ★★
☐
☐ **follow**
☐ [빨-로우]

⟨동⟩ 따르다; 뒤를 잇다

following ⟨형⟩ 그다음의

모든 공장 작업자들은 안전 규칙을 **follow**해야만 한다.
All factory workers must **follow** the safety rules.

[기출표현] follow rules[instructions] 규칙[지시]을 따르다
be followed by ~가 뒤이어 따라오다
the following month 다음 달

377 ★★
☐
☐ **efficient**
☐ [이뿨션(트)]

⟨형⟩ 효율적인, 능률적인

efficiency ⟨명⟩ 효율, 능률
441 efficiently ⟨부⟩ 효율적으로

우리는 이 **efficient**한 기계들로 작업을 더 빨리 끝낼 수 있습니다.
We can finish the work faster with these **efficient** machines.

[기출표현] an energy-efficient system 에너지 효율이 좋은 시스템

378 ★★
☐
☐ **successful**
☐ [썩쎄(스)쁠]

⟨형⟩ 성공적인, 성공한

succeed ⟨동⟩ 성공하다
success ⟨명⟩ 성공
successfully ⟨부⟩ 성공적으로

그 새로운 핸드크림에 관한 테스트는 **successful**했다.
The tests of the new hand cream were **successful**.

> **출제 포인트**
> successful vs. successfully
> 수식하는 대상에 따라 알맞은 품사를 고르는 자리 문제로 출제된다.
> a (**successful**/~~successfully~~) way (형용사: 명사 수식)
> 성공적인 방법
> (~~successful~~/**successfully**) lead a company (부사: 동사 수식)
> 회사를 성공적으로 이끌다

379 ★★★
☐ **innovative**
☐ 미 [이너붸이티(브)]
☐ 영 [이노붜티(브)]

⟨형⟩ 혁신적인, 획기적인

innovation ⟨명⟩ 혁신

폴리 가전제품은 **innovative**한 기술 덕분에 인기를 얻었다.
Foley Appliances has become popular thanks to its **innovative** technology.

[기출표현] the most innovative product 가장 혁신적인[획기적인] 제품

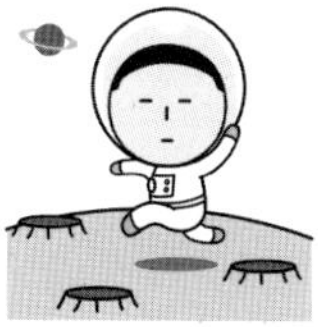

384 ★
□
□ **capacity**
□ [커패써티]

圐 (생산) 능력; (수)용량

圙 capability 능력, 역량

공장의 생산 **capacity**를 늘리기 위해 더 많은 작업자가 고용되었다.
More workers were hired to increase the factory's production **capacity**.

기출표현 a production[storage] capacity 생산[저장] 능력
a seating capacity 좌석 수
at full[maximum] capacity 전력을 기울여

---

385 ★
□
□ **prove**
□ [프루웁]

圐 판명되다, 드러나다; 입증[증명]하다

proof 圐 증거(물), 증명(서)
proven 圐 입증된, 검증된

圙 turn out 드러나다

업그레이드된 기계가 예상보다 더 효율적인 것으로 **prove**되었다.
The upgraded machinery **proved** to be more efficient than expected.

기출표현 prove to be easy 쉬운 것으로 판명되다
proof of employment 재직 증명서
a proven question 검증된 질문

---

386 ★★★
□
□ **manufacture**
□ [매뉴**뻭**쳐ㄹ]

圐 제조[생산]하다
圐 제조(업), (대량) 생산

manufacturing 圐 제조(업)
　　　　　　　圐 제조(업)의
manufacturer 圐 제조사

이 공장은 가정용 원목 가구를 **manufacture**한다.
This factory **manufactures** wooden furniture for home use.

기출표현 manufacture new products 신제품을 생산하다
a manufacturing facility[plant] 제조 시설[공장]

---

387 ★
□
□ **unique**
□ [유니-(크)]

圐 독특한, 특별한

圙 special 특별한

그 탁자의 **unique**한 디자인은 고객들을 놀라게 했다.
The table's **unique** design surprised customers.

기출표현 have a unique perspective 독특한 시각을 가지다

162

388 ★
☐
☐
☐
description
[디스끄륍션]

[명] 설명(서), 묘사

describe [동] 서술[묘사]하다
descriptive [형] 서술[묘사]하는

그 제품의 **description**은 그것의 새로운 기능들을 소개한다.
The **description** of the product introduces its new features.

[기출표현] a brief description of ~에 관한 간략한 설명
a job description 직무 기술서

389 ★
☐
☐
☐
attention
[어텐션]

[명] 주의, 주목; 관심, 흥미

attentive [형] 배려 깊은, 세심한
attentively [부] 주의를 기울여

작업장 안전 수칙에 **attention**을 기울여주세요.
Please bring your **attention** to the workplace safety instructions.

[기출표현] bring[pay] attention to ~에 주의를 기울이다
attention to detail 세부 내용에 대한 주의
listen attentively to ~을 주의 깊게 듣다

390 ★★
☐
☐
☐
increasingly
[인크뤼-씽리]

[부] 점점 더, 더욱더

095 increase [동] 증가하다
[명] 증가, 인상
increasing [형] 증가하는

우리 공장에서 로봇을 이용하는 조립이 **increasingly**하게 흔해지고 있다.
Robotic assembly is becoming **increasingly** common at our factories.

> **출제 포인트**
> increasingly vs. increasing
> 수식하는 대상에 따라 알맞은 품사를 고르는 자리 문제로 출제된다.
> be (**increasingly**/~~increasing~~) using online services
> (부사: 동사 수식) 온라인 서비스를 점점 더 이용하고 있다
> (~~increasingly~~/**increasing**) responsibilities (형용사: 명사 수식)
> 점점 늘어나는 책무

Part 3 & 4

회사 업무 필수 어휘

회사 업무와 관련된 대화 및 담화에 빈출되는 아래 어휘와 예문을 들어보세요.

■ **issue** 문제, 안건; 발행하다

The supervisor called a meeting to discuss this **issue**.
관리자가 이 문제에 대해 논의하기 위해 회의를 소집했습니다.

■ **concern** 우려; 걱정시키다

Mr. Whitney expressed his **concern** about the company policy.
휘트니 씨는 회사 방침에 관해 우려를 표했습니다.

■ **release** 공개[발표]하다; 공개

The new product has been **released**.
신제품이 공개되었습니다.

■ **review** 검토하다; 검토, 후기

I have **reviewed** some survey results.
제가 몇몇 설문 조사 결과를 검토했습니다.

■ **mention** 언급하다

The manager **mentioned** nothing about the project.
부장님께서 그 프로젝트에 관해 아무것도 언급하지 않으셨어요.

■ **proposal** 제안

You should submit your **proposal** by this Friday.
귀하의 제안을 이번 주 금요일까지 제출하셔야 합니다.

■ **cover** 다루다; 포함시키다

The various topics will be **covered** at the meeting tomorrow.
내일 회의에서 다양한 주제가 다루어질 것입니다.

■ **committee** 위원회

The **committee** has decided to move its headquarters to another city.
위원회는 본사를 다른 도시로 이전하기로 결정했습니다.

■ **potential** 잠재적인; 가능성

We should identify our **potential** customers.
우리는 잠재 고객을 찾아내야 합니다.

■ **edit** 수정[편집]하다

Mr. Brad asked me to **edit** the report.
브래드 씨가 보고서를 수정해달라고 요청했어요.

■ **necessary** 필요한

It is **necessary** to make a commercial for our company.
우리 회사를 위한 광고를 제작할 필요가 있습니다.

■ **shift** 교대 근무 (시간); 바꾸다

Ms. Brown worked an extra **shift** last night.
브라운 씨는 어젯밤 추가 근무를 했습니다.

Check Up!

A 다음 영어 단어와 알맞은 뜻을 바르게 연결해보세요.

01 improve •   • ⓐ 효율적인, 능률적인

02 efficient •   • ⓑ 제조[생산]하다; 제조(업)

03 manufacture •   • ⓒ 처음의, 최초의

04 initial •   • ⓓ 개선하다, 향상시키다

05 prove •   • ⓔ 판명되다; 입증하다

B 문맥에 맞는 어휘를 골라 빈칸을 채우세요.

06 우리 공장에서 로봇을 이용하는 조립이 _____하게 흔해지고 있다.

07 모든 공장 작업자들은 안전 규칙을 _____해야만 한다.

08 그 그릇은 균열을 방지하기 위해 튼튼한 _____로 만들어졌다.

09 공장의 생산 _____ ____를 늘리기 위해 더 많은 작업자가 고용되었다.

> ⓐ follow ⓑ capacity ⓒ increasingly ⓓ attention ⓔ material

C 빈칸에 들어갈 알맞은 어휘를 고르세요.

10 The online advertisements were a ------- way to promote the product.
   ⓐ successful   ⓑ successfully

11 Factory workers should bring proper ------- to the production floor.
   ⓐ plant   ⓑ equipment

12 Customer feedback surveys are usually a(n) ------- source of information.
   ⓐ manual   ⓑ accurate

01 ⓓ 02 ⓐ 03 ⓑ 04 ⓒ 05 ⓔ 06 ⓒ 07 ⓐ 08 ⓔ 09 ⓑ 10 ⓐ 11 ⓑ 12 ⓑ

어제 어휘 확인하기

● 어제 학습한 어휘를 얼마나 기억하고 있는지 확인하세요.

제품 개발·생산

- several
- allow
- efficient
- manufacture
- assembly
- research
- innovative
- launch
- unique
- improve
- line
- operate
- increasingly
- prove
- successful

- initial
- feature
- safety
- attention
- follow
- manual
- accurate
- develop
- description
- product
- material
- capacity
- plant
- facility
- equipment

암기한 어휘 개수 _____ / 30

DAY 14

일반 업무 1

● 오늘 학습할 어휘를 그림과 함께 살펴볼까요?

similar
비슷한

access
접근(하다)

deadline
(마감) 기한

colleague
동료

invest
투자하다

gain
얻다

approach
접근법; 다가가다

urgent
긴급한

remind
상기시키다

admit
인정하다

respected
높이 평가되는

difference
차이(점)

391 ★★★
☐
☐ **department**
☐ [디파-ㄹ(트)먼(트)]

ⓥ division 부서

ⓜ 부서, (정부의) 부처; (백화점의) 매장

기술 **department**의 팀원들이 새 컴퓨터를 설치했다.
Members of the IT **department** installed the new computers.

기출표현 Human Resources Department 인사 부서, 인사과
a department head 부서장

392 ★★★
☐
☐ **submit**
☐ [썹미(트)]

submission ⓜ 제출

ⓥ 제출하다

사무용품 요청서를 금요일까지 김 씨에게 **submit**해주세요.
Please **submit** your office supply requests to Mr. Kim by Friday.

기출표현 submit an application by ~까지 지원서를 제출하다
a submission date 제출일

393 ★★
☐
☐ **similar**
☐ [씨멀러ㄹ]

similarly ⓤ 비슷하게

ⓥ alike 비슷한
ⓟ different 다른

ⓗ 비슷한, 닮은

남 씨의 관리 방식이 스미스 씨의 방식과 **similar**하다.
Mr. Nam's management style is **similar** to Ms. Smith's.

기출표현 be[look] similar to ~와 비슷하다[비슷해 보이다]
experience in a similar position 유사 직종에서의 경력

394 ★★★
☐
☐ **release**
☐ [륄리-스]

ⓥ 출시하다, 공개[발표]하다; 놓아주다
ⓜ 공개, 발표

그 신규 소프트웨어 프로그램은 다음 달에 **release**될 것이다.
The new software program will be **released** next month.

기출표현 release a new product 신제품을 출시하다
release a statement 성명을 발표하다
a press release 언론 발표, 보도 자료

395 ★★★
access
[엑쎄스]

[명] 접근 (권한), 입장; 이용
[동] 접근하다; 이용하다

515 accessible [형] 접근[이용] 가능한

이 신분증은 직원들에게 창고에 대한 **access**를 부여한다.
This ID card gives employees **access** to the storage room.

출제 포인트
access vs. accessible
문장 내 역할에 따라 알맞은 품사를 고르는 자리 문제로 출제된다.
limit (**access**/~~accessible~~) to the room (명사: 목적어 역할)
방으로의 접근을 제한하다
be easily (~~access~~/**accessible**) by bus (형용사: 보어 역할)
버스로 쉽게 접근할 수 있다

396 ★★
grant
미 [그랜(트)]
영 [그란-(트)]

[동] 부여하다, 승인[허가]하다
[명] 보조금, 지원금

그 연구원에게는 제한된 파일에 대한 접근 권한이 **grant**될 것이다.
The researcher will be **granted** access to the restricted files.

[기출표현] grant A B A에게 B를 부여[승인]하다
grant a permit 허가증을 부여하다
win a grant 지원금을 받다

397 ★★★
deadline
[데드라인]

[명] (마감) 기한, 마감일

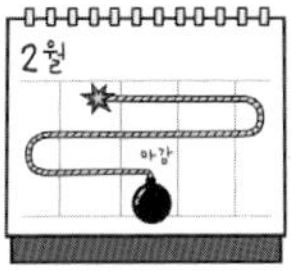

[유] due date 만기일

그 마케팅 보고서의 **deadline**은 2월 20일이다.
The **deadline** for the marketing report is February 20.

[기출표현] a submission deadline 제출 마감일
deadline extensions 마감일 연장

398 ★★★
enclose
[인클로우(즈)]

[동] 동봉하다; 둘러싸다

enclosure
[명] 동봉된 것; 울타리를 친 장소
enclosed [형] 동봉된

그 서류 한 부를 봉투 안에 **enclose**했습니다.
I have **enclosed** a copy of the documents in the envelope.

[기출표현] complete the enclosed form 동봉된 양식을 작성하다

399 ★★★
☐
☐ **closely**
☐ [클**로**우쓸리]

(부) 긴밀하게, 밀접하게; 면밀히

close (형) 가까운, 친밀한
(부) 가까이에

얀시 건설사의 소유주는 그 도시 계획가와 **closely**하게 협력한다.
Yancey Construction's owner works **closely** with the city planner.

기출표현 work closely with ~와 긴밀히 협력하다
examine the situation closely 상황을 면밀히 조사하다
be close to ~와 가깝다[친밀하다]

400 ★★
☐
☐ **colleague**
☐ [**칼**-리-(그)]

(명) 동료

(유) coworker 동료
(유) associate 동료

애시모어 씨는 그의 **colleague**들에게 조언을 구했다.
Mr. Ashmore asked his **colleagues** for some advice.

기출표현 socialize with colleagues 동료들과 어울리다
a colleague of mine 내 동료 중 하나

401 ★★
☐
☐ **assign**
☐ [어**싸**인]

(동) 할당[배당]하다; 배치하다

assignment (명) 임무; 배정

부장은 그 연구 프로젝트를 최 씨에게 **assign**했다.
The manager **assigned** the research project to Ms. Choi.

기출표현 assign A to B A를 B에 배치[할당]하다
be assigned to ~에 배치[할당]되다
a temporary assignment 한시적인 임무

402 ★★
☐
☐ **invest**
☐ [인**붸**스(트)]

(동) 투자하다

552 investment (명) 투자
investor (명) 투자자

루이스 사의 회장은 새 사무 설비에 **invest**했다.
The president of Lewis Co. **invested** in new office equipment.

기출표현 invest (large sums) in ~에 (큰 액수를) 투자하다
attract investors 투자자들을 끌어모으다

403 ★★

manage
[매니쥐]

[동] 운영[경영, 관리]하다; 간신히 해내다

manager [명] 관리자
management [명] 관리; 경영(진)
managerial [형] 관리[운영]의

허드슨 씨는 인사 부서의 예산을 **manage**한다.
Ms. Hudson **manages** the budget for the personnel department.

[기출표현] manage to *do* 간신히 ~하다
a manager's responsibility 관리자의 책임
a managerial position[role] 관리직

404 ★★

easily
[이-절리]

[부] 쉽게; 분명히

ease [명] 쉬움
[동] 완화하다
easy [형] 쉬운

[유] readily 손쉽게

관리자들은 직원들의 초과 근무 시간을 **easily** 확인할 수 있다.
Supervisors can check employees' overtime hours **easily**.

출제 포인트
easily vs. easy
문장 내 역할에 따라 알맞은 품사를 고르는 자리 문제로 출제된다.
be (**easily**/~~easy~~) accessible (부사: 형용사 수식) 쉽게 접근 가능하다
It is (~~easily~~/**easy**) to use. (형용사: 보어 역할) 이것은 사용하기 쉽다.

405 ★★

conduct
[컨덕(트)]

[동] 실시[수행]하다; 지휘하다

conductor [명] 지휘자

페리 씨가 내일 지원자들과의 면접을 **conduct**할 것이다.
Mr. Perry will **conduct** interviews with the candidates tomorrow.

[기출표현] conduct research[a study] 조사[연구]를 하다

406 ★★

gain
[게인]

[동] 얻다; 쌓다
[명] 이득, 이익

디자인팀은 사진 라이브러리 접근 권한을 **gain**하기 위해 신청했다.
The design team applied to **gain** access to the photo library.

[기출표현] gain access to ~에 접근 권한을 얻다
gain popularity 인기를 얻다
a gain from the investment 투자에서의 수익

407 ★★
□
□ **mark**
□ [마-ㄹ(크)]

ⓢ 표시하다; 기념하다
ⓝ 표시, 특징

marked ⓗ 뚜렷한; 표시된
markedly ⓤ 현저하게, 두드러지게

회의 날짜들은 대개 그 달력에 **mark**되어있다.
The dates for meetings are usually **marked** on the calendar.

기출표현 mark the opening of ~의 개장을 기념하다
a marked improvement 뚜렷한 개선
become markedly better 현저히 더 나아지다

408 ★★
□
□ **appropriate**
□ [어프로우프뤼어(트)]

ⓗ 적절한, 적합한

appropriately ⓤ 적절히, 알맞게
144
ⓤ suitable 적합한, 적절한

교육용 자료를 구매하는 것은 예산의 **appropriate**한 사용이다.
Purchasing training materials are an **appropriate** use of the budget.

기출표현 be appropriate for ~에 적절[적합]하다
select appropriate courses 적합한 과정을 선택하다
dress appropriately for an occasion 상황에 맞게 옷을 입다

409 ★★
□
□ **approach**
□ [어프로우취]

ⓝ 접근법; 접촉, 접근
ⓢ 다가가다[다가오다]

395
ⓤ access 접근 (권한)

광고에 대한 그들의 **approach**는 새로운 고객들을 끌어왔다.
Their **approach** to advertising brought in new clients.

> **출제 포인트**
> **approach vs. access**
> 의미상 유사한 어휘 approach와 access(접근)의 차이를 구별하여 알
> 맞은 어휘를 고르는 문제가 출제된다. approach는 '(문제 등에 대한)
> 접근'이라는 의미의 셀 수 있는 명사인 반면, access는 '(장소·자료에
> 대한) 접근 (권한)'이라는 의미의 셀 수 없는 명사이다.
> an (**approach**/~~access~~) to resolving problems
> 문제 해결에의 접근 방법
> have (~~approach~~/**access**) to the database
> 데이터베이스에 접근 권한이 있다

410 ★★
progress
명 [프라그레스]
동 [프러그뤠스]

progressive 혱 점진적인

명 경과; 진척, 진행
동 진행하다

우리는 그 프로젝트의 **progress**에 대해 논의했다.
We discussed the **progress** of the project.

기출표현 in progress 진행 중인
track progress 진행 상황을 추적하다
progress slowly 서서히 진행되다

411 ★★
urgent
[어-ㄹ줜(트)]

urgently 뷔 급히

혱 긴급한, 다급한

박 씨는 시스템 오류에 관한 **urgent**한 메시지를 받았다.
Ms. Park received an **urgent** message about the system error.

기출표현 require urgent attention 시급한 관심을 요하다
be in urgent need of ~이 급히 필요하다

412 ★★
heavily
[헤빌리]

heavy 혱 무거운

뷔 아주 많이, 심하게; 무겁게

영업팀은 고객층을 넓히는 데에 **heavily**하게 초점을 맞추었다.
The sales team focused **heavily** on widening the customer base.

기출표현 be heavily discounted 대폭 할인되다
invest heavily in hotels 호텔에 크게 투자하다
heavy traffic 많은 교통량

413 ★★
remind
[뤼마인드]

reminder 명 통지서, 독촉장; 주의

동 상기시키다

로페즈 씨가 상사에게 그 고객의 방문에 대해 **remind**했다.
Ms. Lopez **reminded** her supervisor about the client visit.

기출표현 remind A of[about] B A에게 B에 대해 상기시키다
remind A to do A에게 ~할 것을 상기시키다
send a reminder to a customer 고객에게 통지서를 보내다

414 ★★
☐ **typically**
☐ ☐ [티피클리]

(부) 보통, 일반적으로; 전형적으로

typical (형) 전형적인; 대표적인
557
(유) generally 일반적으로, 대개

그 연례 학술 회의는 **typically** 10월에 열린다.
The annual conference is **typically** held in October.

[기출표현] be typical of ~을 대표[표상]하다

---

415 ★
☐ **correspondence** (명) 서신, 편지
☐ ☐ [코-뤼스**빤**-던(스)]

correspond
(동) 서신을 주고받다; 일치하다
correspondent (명) 특파원
corresponding (형) 동반하는

중요 고객에게서 온 모든 **correspondence**의 사본을
모아두세요.
Please save copies of all **correspondence** from important clients.

> **출제 포인트**
> correspondence vs. correspondent
> 추상/사물 명사인 correspondence와 사람 명사인 correspondent
> (특파원)를 구별하여 문맥에 적합한 명사를 고르는 문제가 출제된다.
> attach (**correspondence**/~~correspondent~~) with the manager
> 관리자와의 서신을 첨부하다
> be hired as a foreign (~~correspondence~~/**correspondent**)
> 해외 특파원으로 고용되다

---

416 ★
☐ **admit**
☐ ☐ [어(드)밋]

(동) 인정하다; 들어가게 하다, 받아들이다

589 admission (명) 입장 (허가)

머피 씨는 우편 주소에 관한 자신의 실수를 **admit**했다.
Mr. Murphy **admitted** his mistake regarding the mailing addresses.

[기출표현] admit that절 ~라는 것을 인정하다
be admitted to the area 그 구역에 출입이 허가되다

417 ★
☐
☐ **respected**
☐ [뤼스뻭티(드)]

ⓗ 높이 평가되는, 존경받는

respect ⓥ 존경하다
ⓝ 존경, 경의
respectful ⓗ 정중한
respectfully ⓟ 정중하게

토드 씨는 매우 **respected**한 팀장이다.
Ms. Todd is a highly **respected** team leader.

기출표현 a respected leader 존경받는 지도자
be highly[widely] respected by
~에게 매우[널리] 존경받다
respond respectfully to ~에게 정중하게 응대하다

418 ★
☐
☐ **renewal**
☐ [뤼뉴-얼]

ⓝ 갱신, 연장; 재개

081 renew ⓥ 갱신[연장]하다

사무실 건물의 주인이 임대 계약의 **renewal**을 확인해주었다.
The office building's owner confirmed the **renewal** of the lease.

기출표현 a renewal of the lease 임대 계약의 갱신

419 ★
☐
☐ **difference**
☐ [디쀄런(스)]

ⓝ 차이(점)

differ ⓥ 다르다
different ⓗ 다른; 여러 가지의

그 제품들 간에는 작은 **difference**들이 있다.
There are small **differences** between the products.

기출표현 difference between A and B A와 B의 차이(점)
differ from ~와 다르다
be different from ~와 다르다

420 ★
☐
☐ **smoothly**
☐ [스무-들리]

ⓟ 매끄럽게, 순조롭게

smooth ⓗ 매끈한

더 큰 사무실 건물로의 이전은 **smoothly**하게 진행되었다.
The relocation to the larger office building went **smoothly**.

기출표현 go[progress, run] smoothly 매끄럽게 진행되다

핵심만 콕! 찍어 듣는 LC

Part 3 & 4

교육·행사 필수 어휘

교육·행사와 관련된 대화 및 담화에 빈출되는 아래 어휘와 예문을 들어보세요.

■ **awards ceremony** 시상식

All employees must attend the **awards ceremony** on Monday.
모든 직원들은 월요일에 있는 시상식에 참석해야 합니다.

■ **demonstration** 시범, 설명

A product **demonstration** is scheduled for 6 P.M. today.
제품 시연이 오늘 저녁 6시에 예정되어 있습니다.

■ **venue** 장소

The current **venue** for the workshop is too small to hold all the people.
현재 워크숍 장소는 모든 사람을 수용하기에는 너무 작아요.

■ **handout** 인쇄물, 유인물

Would you distribute the presentation **handouts** to the audience?
청중들에게 발표 인쇄물을 나눠주시겠어요?

■ **course** 강의, 강좌

What business **course** will you take?
어떤 비즈니스 강의를 수강하실 건가요?

■ **competition** 대회, 시합; 경쟁

Mr. Spenser decided to enter a design **competition**.
스펜서 씨는 디자인 대회에 참가하기로 했어요.

■ **international** 국제적인

The third session will be about **international** markets.
세 번째 세션은 국제 시장에 관한 것입니다.

■ **certainly** 확실히, 틀림없이

The seminar can **certainly** help increase sales.
그 세미나는 매출을 향상시키는 데에 확실히 도움이 될 것입니다.

■ **celebrate** 축하하다, 기념하다

Are you coming to the party to **celebrate** the opening of a new branch?
새로운 지점의 개점을 축하하기 위한 파티에 오실 건가요?

■ **technology** 기술

I'd like to welcome all of you to A.H. **Technology** Conference.
A.H. 기술 학회에 오신 여러분 모두를 환영합니다.

■ **sponsor** 후원하다; 후원자

The Kendrick Co. will **sponsor** a fundraising event.
켄드릭 사가 모금 행사를 후원할 것입니다.

■ **charity** 자선, 자선단체

I need to print out some flyers for a **charity** event.
자선 행사를 위한 전단을 인쇄해야 해요.

176

Check Up!

A 다음 영어 단어와 알맞은 뜻을 바르게 연결해보세요.

01 release •
02 closely •
03 manage •
04 similar •
05 renewal •

• ⓐ 갱신, 연장
• ⓑ 운영[경영, 관리]하다
• ⓒ 비슷한, 닮은
• ⓓ 출시하다; 공개
• ⓔ 긴밀하게, 밀접하게

B 문맥에 맞는 어휘를 골라 빈칸을 채우세요.

06 사무용품 요청서를 금요일까지 김 씨에게 _____ 해주세요.

07 애시모어 씨는 그의 _____ 들에게 조언을 구했다.

08 그 연례 학술 회의는 _____ 10월에 열린다.

09 머피 씨는 우편 주소에 관한 자신의 실수를 _____ 했다.

ⓐ typically   ⓑ colleague   ⓒ smoothly   ⓓ submit   ⓔ admit

C 빈칸에 들어갈 알맞은 어휘를 고르세요.

10 This account will give you full ------- to the research database.
ⓐ access   ⓑ progress

11 Employees can ------- understand the instructions in the user manual.
ⓐ easy   ⓑ easily

12 Mr. Sheeran has to immediately deal with an ------- matter at the headquarters.
ⓐ urgent   ⓑ appropriate

01 ⓓ 02 ⓔ 03 ⓑ 04 ⓒ 05 ⓐ 06 ⓓ 07 ⓑ 08 ⓐ 09 ⓔ 10 ⓐ 11 ⓑ 12 ⓐ

어제 어휘 확인하기

일반 업무 1

- conduct
- grant
- approach
- gain
- urgent
- typically
- easily
- similar
- correspondence
- closely
- manage
- smoothly
- deadline
- heavily
- invest

- progress
- release
- admit
- department
- appropriate
- enclose
- access
- difference
- respected
- mark
- colleague
- submit
- renewal
- assign
- remind

암기한 어휘 개수 _____ / 30

contact
연락하다

duty
업무; 의무

notice
안내문

matter
일, 문제

oversee
감독하다

demonstrate
보여주다, 시연하다

permission
허락, 승인

shift
교대 근무 (시간)

equally
똑같이

emphasize
강조하다

difficulty
어려움

confidential
비밀의, 기밀의

421 ★★★
contact
[칸-택(트)]

동 연락하다
명 연락, 접촉; 관계, 연줄

보안 관련 질문이 있으면 로저스 씨에게 **contact**하세요.
Please **contact** Ms. Rogers with any questions about security.

> 기출표현 contact a supervisor 관리자에게 연락하다
> contact information 연락처
> useful contacts 유용한 연줄

422 ★★★
check
[췌(크)]

동 살피다, 점검하다, 확인하다
명 확인, 점검; 수표

직원들은 직원 회의의 일정을 **check**해야 한다.
Employees should **check** the schedule for staff meetings.

> 기출표현 check the status of a delivery 배송 현황을 확인하다
> check in[out] (호텔 등에) 입실[퇴실]하다
> present a check 수표를 제시하다

423 ★★★
inform
[인쀄ㄹ엄]

information 명 정보
208 informative 형 유익한
informed 형 알고 있는
168
유 notify 알리다

동 알리다, 통지하다

샌도벌 씨는 자신의 팀에 규정 변경을 **inform**했다.
Ms. Sandoval **informed** her team of the change in regulations.

> 기출표현 inform A of[that절] A에게 ~을[~라는 것을] 알리다
> request information 정보를 요청하다

424 ★★
duty
[듀-티]

429
유 responsibility 책무, 책임

명 업무, 직무; (도덕적·법률적) 의무; 세금

팀장이 인턴들에게 그 직책의 **duty**를 설명했다.
The team leader explained the job **duties** to the interns.

> 기출표현 job duties 직무
> perform one's duties 업무를 수행하다
> custom duties 관세

425 ★★★
publish
[퍼블리쉬]

[동] 출판[발행]하다; 공표[발표]하다

publication [명] 출판(물); 발표
publishing [명] 출판(업)
publisher [명] 출판사
394
[유] release 공개[발표]하다

샬럿 사는 매출 보고서를 매년 **publish**한다.
Charlotte Enterprises **publishes** a sales report annually.

[기출표현] publish the finalists 결승 진출자를 발표하다
place an ad in publications 출판물에 광고를 싣다

426 ★★
challenge
[챌런쥐]

[명] 도전, 난제
[동] 도전하다; 이의를 제기하다

challenging
[형] (어렵지만) 도전해 볼 만한

그 일을 제시간에 끝내는 것은 **challenge**였다.
It was a **challenge** to finish the work on time.

[기출표현] face[encounter] a challenge 도전에 직면하다
be quite challenging 꽤나 도전적이다

427 ★★★
notice
[노우티(스)]

[명] 안내문; 통지, 알림
[동] 알아차리다; 주목하다

168 notify [동] 알리다
noticeable [형] 뚜렷한, 분명한

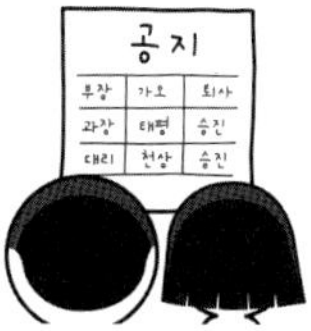

벽에 있는 **notice**가 새로운 영업시간을 보여준다.
The **notice** on the wall shows the new business hours.

[기출표현] give one month's notice 한 달 전에 통지하다

출제 포인트
until further notice(추후 공지가 있을 때까지)의 형태로 자주 출제되므로 한 단어처럼 암기하자.
The store will be closed **until further notice**.
그 매장은 추후 공지가 있을 때까지 (문을) 닫을 것이다.

428 ★★
task
미 [태스(크)]
영 [타-스(크)]

[명] 일, 과업, 과제

전화 응대는 접수 담당자의 주요한 **task** 중 하나이다.
Answering calls is one of the receptionist's main **tasks**.

[기출표현] complete[accomplish] a task 과업을 완수하다
a primary[key] task 주요 과제

429 ★★★
□
□ **responsibility** 명 책무, 의무, 책임
□ [뤼스빤-써**빌**러티]

101 responsible 형 책임지고 있는
responsibly 분 책임감 있게
424
유 duty 의무; 업무

보좌관의 **responsibility**에는 고객들과 연락하는 일이 포함된다.
Assistants' **responsibilities** include contacting clients.

기출표현 responsibilities of the assistant manager 부지배인의 책무
take responsibility for ~을 책임지다

430 ★★
□
□ **matter**
□ [**매**터ㄹ]

명 일, 문제
동 중요하다; 문제가 되다

직원들은 중요한 **matter**들을 먼저 처리해야 한다.
Employees should work on important **matters** first.

기출표현 discuss a matter 문제에 관해 논의하다
as a matter of fact 사실은, 사실상
no matter what 무엇이 ~한다고 하더라도
It doesn't matter. 상관없어요.

431 ★★
□ **direct**
□ [드**뤡**(트)]
□ [다이**뤡**(트)]

direction 명 지시, 지휘; 방향
director 명 관리자, 감독; 임원
108 directly 분 직접

동 보내다, 향하다; 감독하다
형 직접적인, 직행[직통]의

고객에게서 온 문의는 무엇이든지 팀장에게 **direct**해주세요.
Please **direct** any questions from customers to the manager.

기출표현 direct A to B A를 B(에게)로 보내다
a direct flight 직항 항공편

출제 포인트
director vs. direction
사람 명사인 director(관리자; 임원)와 추상 명사인 direction(지시; 방
향)을 구별하여 문맥에 적합한 명사를 고르는 문제가 출제된다.
a museum (**director**/~~direction~~) 미술관 관리자
work under the (~~director~~/**direction**) of Mr. Simon
사이먼 씨의 지휘하에 일하다

---

432 ★★
□
□ **oversee**
□ [오우붜ㄹ씨-]

(동) 감독하다

(유) supervise 감독하다

다 보고 있어!

올슨 씨는 부하 직원 5명으로 구성된 팀을 **oversee**한다.
Ms. Olson **oversees** a team of five junior employees.

기출표현 oversee a department[project] 부서[프로젝트]를 감독하다

433 ★★
□
□ **protect**
□ [프뤄텍(트)]

(동) 보호하다

protection (명) 보호
protective (형) 보호용의

리갈 은행은 고객들의 이름과 계좌 상세 정보를 **protect**한다.
Regal Bank **protects** customers' names and account details.

기출표현 protect A from B A를 B로부터 보호하다
protective gear 보호 장비

434 ★★
□
□ **outline**
□ [아웃라인]

(동) 개요를 서술하다
(명) 개요, 요점; 윤곽

(유) summarize 요약하다

인사부장이 새로운 휴가 정책에 대해 **outline**했다.
The HR director **outlined** the new vacation policy.

기출표현 outline the procedures 절차를 요점만 설명하다
a brief outline 간략한 개요

435 ★★
□
□ **demonstrate**
□ [데먼스트뤠잇]

(동) (행동으로) 보여주다, 시연하다; 입증하다

demonstration (명) 시범, 설명

사과폰시연회

판매원이 그 기계의 특징들을 **demonstrate**했다.
The salesperson **demonstrated** the machine's features.

기출표현 demonstrate a method 방법을 보여주다
a product demonstration 제품 시연

□
□ **assist**
□ [어씨스(트)]

동 돕다

127 assistant 명 보조, 조수
assistance 명 도움, 원조

선임 직원은 신입 사원들의 일을 **assist**해주어야 합니다.
Senior employees should **assist** new employees with their work.

기출표현 assist (A) with[in] (A가) ~(하는 것)을 돕다
provide assistance to ~에게 도움을 주다

□
□ **permission**
□ [퍼ㄹ미션]

명 허락, 허가, 승인

488 permit 동 허용[허락]하다
명 허가증

판매 직원은 휴가를 내려면 **permission**을 받아야 한다.
Sales staff must get **permission** to take time off.

기출표현 obtain[grant] permission 허가를 받다[해주다]
have permission to do ~할 권한이 있다

□
□ **authority**
□ [어뿨-러티]

명 권한; 정부 당국; 권위자

087 authorize 동 인가[허가]하다
authorization 명 인가, 허가

구매 부서는 사무용품을 주문할 수 있는 **authority**가 있다.
The purchasing department has the **authority** to order office
supplies.

기출표현 delegate authority to ~에게 권한을 위임하다
the health authorities 보건 당국
a leading authority 최고 권위자

□
□ **accordingly**
□ [어코-ㄹ딩리]

부 그에 맞게, (상황에) 부응해서

according to
전 ~에 따르면[따라]
accordance 명 일치

첸 씨는 피드백을 검토한 뒤 **accordingly**하게 디자인을 변경했다.
Mr. Chen reviewed the feedback and changed the design
accordingly.

기출표현 change a plan accordingly 그에 맞게 계획을 변경하다
according to an agreement 협약에 따르면
in accordance with ~에 부합되게, ~에 따라

440 ★★
□
□ **shift**
□ [쉬프(트)]

ⓜ 교대 근무 (시간), 교대 근무조
ⓥ 바꾸다, 옮기다

포터 씨는 철야 **shift**를 한 후에 매우 피곤했다.
Mr. Porter was very tired after working an overnight **shift**.

기출표현 a night[day] shift 야간[주간] 교대 근무
an extra shift 추가 교대 근무
a shift supervisor 교대 근무조 책임자

441 ★★
□
□ **efficiently**
□ [이**쀠**션(틀)리]

³⁷⁷ efficient ⓐ 효율적인
efficiency ⓜ 효율, 능률

ⓐⓓ 효율적으로, 능률적으로

그 새로운 조립 공정은 **efficiently**하게 작동한다.
The new assembly process runs **efficiently**.

출제 포인트
efficiently vs. efficient
수식하는 대상에 따라 알맞은 품사를 고르는 자리 문제로 출제된다.
run a business more (**efficiently**/~~efficient~~) (부사: 동사 수식)
기업을 더 효율적으로 운영하다
the most (~~efficiently~~/**efficient**) engine (형용사: 명사 수식)
가장 효율적인 엔진
---

442 ★★
□
□ **equally**
□ [이-쿠월리]

equal ⓐ 같은, 동등한

ⓐⓓ 똑같이, 동등하게

모든 직원의 요구는 **equally**하게 중요하다.
The needs of all workers are **equally** important.

기출표현 be equally qualified 동등하게 자격을 갖추다
distribute funds equally 자금을 동등하게 할당하다
be equal to ~와 같다

443 ★
☐
☐ **absence**
☐ [앱썬(스)]

absent (형) 결석한, 부재한

(반) presence 참석

(명) 부재, 결석, 결근

브라운 씨의 **absence** 중에는, 오언스 씨가 공급사와 연락할 것입니다.
In Mr. Brown's **absence**, Ms. Owens will contact suppliers.

> 기출표현 in[during] *one's* absence ~의 부재 중에
> be absent from ~에 결석하다

444 ★
☐
☐ **emphasize**
☐ [엠풔싸이(즈)]

emphasis (명) 강조

(유) stress 강조하다

(동) 강조하다, 두드러지게 하다

팀장은 시간 관리 기술을 **emphasize**했다.
The manager **emphasized** time-management skills.

> 기출표현 emphasize efficiency 효율성을 강조하다
> put emphasis on ~을 강조하다

445 ★
☐
☐ **legal**
☐ [리-글]

legally (부) 합법적으로

(반) illegal 불법적인

(형) 법의, 법무의; 합법적인

우리는 그 분쟁을 **legal**한 제도를 통해 해결해야 합니다.
We should solve the disagreement through the **legal** system.

> 기출표현 legal advice 법률상의 조언
> pursue legal action 소송을 진행하다

446 ★
☐
☐ **difficulty**
☐ [디풔컬티]

difficult (형) 어려운, 힘든

(유) trouble 곤란

(명) 어려움, 곤경; 장애

카일 씨는 그 계약서를 이해하는 데에 **difficulty**를 겪었다.
Mr. Kyle had **difficulty** understanding the contract.

> 기출표현 have difficulty (in) *doing* ~하는 데에 어려움을 겪다
> technical difficulties 기술적 장애
> be difficult to *do* ~하기 어렵다

447 ★
☐ **contribute**
☐ [컨트리뷰(트)]
☐ [**컨**트리뷰(트)]

동 기여[공헌]하다; 기부하다

contribution 명 기여; 기부[금];
기고문
contributor 명 기부자; 공헌자

구성원 모두가 그 제품의 성공에 **contribute**했다.
All group members **contributed** to the success of the product.

기출표현 contribute to ~에 기여하다
one's significant contribution ~의 커다란 기여
contributions to the May issue 5월호 기고문

448 ★★
☐ **draft**
☐ 미 [드**래**쁘(트)]
☐ 영 [드**롸**-쁘(트)]

명 초안, 초고; 원고
동 초안을 작성하다

메이 씨가 어제 재무 보고서의 첫 번째 **draft**를 검토했다.
Mr. May reviewed the first **draft** of the financial report yesterday.

기출표현 the final draft 최종 원고
draft an overview 개요 초안을 작성하다

449 ★★
☐ **confidential**
☐
☐ [칸-**뿨**덴셜]

형 비밀의, 기밀의

confidentiality 명 비밀

이 **confidential**한 정보를 동료에게 보여주지 마십시오.
Do not show this **confidential** information to your coworkers.

출제 포인트
confidential vs. confident
형태상 혼동되는 어휘 confidential과 confident(자신이 있는)의 의미
상 차이를 구별하여 문맥에 적합한 어휘를 고르는 문제가 출제된다.
(**confidential**/~~confident~~) information 기밀 정보
a (~~confidential~~/**confident**) presenter 자신이 있는 발표자

---

450 ★
☐ **entirely**
☐
☐ [인**타**이얼리]

부 전적으로, 완전히

entire 형 전체의
582
유 completely 완전히

킨 제화는 구형 제품들의 생산을 **entirely**하게 중단하기로 결정했다.
Kin Shoes decided to discontinue the older products **entirely**.

기출표현 be entirely clear 완전히 명확하다
an entire day 온종일

Part 3 & 4

채용·인사 필수 어휘

채용·인사와 관련된 대화 및 담화에 빈출되는 아래 어휘와 예문을 들어보세요.

■ hire 고용하다

The company will **hire** two more accountants next year.

그 회사는 내년에 회계사를 2명 더 고용할 것입니다.

■ renew 갱신하다, 재개하다

I'm in charge of **renewing** the employee training program.

저는 직원 교육 프로그램을 갱신하는 일을 담당하고 있습니다.

■ suggest 제안[추천]하다

I **suggest** hiring her as a manager.

저는 그녀를 팀장으로 고용할 것을 제안합니다.

■ additional 추가의

We decided to hire **additional** staff.

우리는 추가 직원을 고용하기로 결정했습니다.

■ transfer 이동[전근]하다; 이동

Mr. John **transferred** overseas last month.

존 씨는 지난달에 해외로 이동했어요.

■ possible 가능한

Please contact the HR department as soon as **possible**.

가능한 한 빨리 인사 부서에 연락하세요.

■ manual 안내서, 설명서

We need a new training **manual** for the employees.

우리는 직원들을 위한 새로운 교육 안내서가 필요합니다.

■ interest 관심

Mr. Jonas expressed his **interest** in the position.

조나스 씨가 그 자리에 대한 관심을 나타냈어요.

■ personal 개인적인, 개인의

Do not include your **personal** information in the résumé.

이력서에 귀하의 개인 정보를 포함시키지 마세요.

■ reward 보상하다; 보상

Management decided to **reward** the sales team.

경영진은 영업팀에 보상을 하기로 결정했습니다.

■ obtain 얻다, 획득하다

You can **obtain** information about the hiring process on the Web site.

그 웹 사이트에서 채용 과정에 대한 정보를 얻으실 수 있습니다.

■ fail 실패하다

I **failed** to submit my application online.

저는 온라인으로 지원서를 제출하지 못했습니다.

Check Up!

A 다음 영어 단어와 알맞은 뜻을 바르게 연결해보세요.

01 contact •

02 responsibility •

03 protect •

04 equally •

05 confidential •

• ⓐ 비밀의, 기밀의

• ⓑ 연락하다; 연락

• ⓒ 보호하다

• ⓓ 똑같이, 동등하게

• ⓔ 책무, 의무, 책임

B 문맥에 맞는 어휘를 골라 빈칸을 채우세요.

06 전화 응대는 접수 담당자의 주요한 ＿＿＿＿＿＿＿＿ 중 하나이다.

07 올슨 씨는 부하 직원 5명으로 구성된 팀을 ＿＿＿＿＿＿＿＿한다.

08 카일 씨는 그 계약서를 이해하는 데에 ＿＿＿＿＿＿＿＿를 겪었다.

09 우리는 그 분쟁을 ＿＿＿＿＿＿＿＿한 제도를 통해 해결해야 합니다.

| ⓐ oversee | ⓑ task | ⓒ legal | ⓓ emphasize | ⓔ difficulty |

C 빈칸에 들어갈 알맞은 어휘를 고르세요.

10 Mr. Sanchez wrote a report to ------- the employees of the survey results.

ⓐ notice   ⓑ inform

11 Employees must get ------- in advance to borrow the company car.

ⓐ permission   ⓑ matter

12 Orders can be processed more ------- with the new software.

ⓐ efficiently   ⓑ efficient

ⓑ 01 ⓔ 02 ⓒ 03 ⓓ 04 ⓐ 05 ⓑ 06 ⓐ 07 ⓔ 08 ⓒ 09 ⓑ 10 ⓐ 11 ⓐ 12

01 The sweater was the wrong size, so Mr. Carlson ------- it to the store.

(A) resolved
(B) returned
(C) reminded
(D) replaced

04 The air conditioner runs more ------- with a clean filter in it.

(A) efficiently
(B) finally
(C) increasingly
(D) entirely

02 The west entrance of Tamayo Tower is closed until further -------.

(A) complaint
(B) notice
(C) shift
(D) solution

05 Ms. Lin ------- a small consulting firm for start-up businesses in the technology field.

(A) operates
(B) releases
(C) inquires
(D) gains

03 Starlight Communications customers can now enjoy its ------- service anywhere in the country.

(A) reliable
(B) reliably
(C) rely
(D) reliability

06 This username and password will give you ------- to the company's client database.

(A) function
(B) renewal
(C) access
(D) absence

07 Mr. Park has ------- knowledge about the features of each piece of machinery.

(A) extensive
(B) complimentary
(C) temporary
(D) urgent

10 You do not have to wait long because our employees ------- respond to questions by e-mail.

(A) heavily
(B) equally
(C) promptly
(D) closely

08 Mr. Wagner will take over the ------- of branch manager during Ms. Barrett's vacation.

(A) comments
(B) descriptions
(C) differences
(D) responsibilities

11 Lemke Electronics develops ------- home appliances with a lot of features.

(A) innovation
(B) innovative
(C) innovator
(D) innovate

09 Faust Insurance's Web site was redesigned in order to ------- the user experience.

(A) identify
(B) allow
(C) improve
(D) assign

12 The building manager will submit ------- for the window repairs to the finance department.

(A) routines
(B) facilities
(C) approaches
(D) estimates

어제 어휘 확인하기

● 어제 학습한 어휘를 얼마나 기억하고 있는지 확인하세요.

일반 업무 2

- inform
- absence
- check
- entirely
- contribute
- legal
- efficiently
- notice
- equally
- oversee
- demonstrate
- direct
- draft
- duty
- accordingly

- permission
- task
- challenge
- confidential
- publish
- contact
- outline
- matter
- responsibility
- shift
- emphasize
- assist
- difficulty
- protect
- authority

암기한 어휘 개수 _____ / 30

DAY 16

회사 정책·경영

● 오늘 학습할 어휘를 그림과 함께 살펴볼까요?

policy
정책

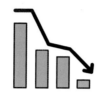

reduce
줄이다

growth
성장, 증가

budget
예산(안)

effort
노력

procedure
절차

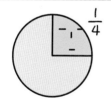

quarter
(사)분기; 4분의 1

double
두 배로 만들다

acquire
인수하다

revenue
수익

reflect
반영하다; 반사하다

merge
합병하다

단어와 의미를 먼저 암기하세요.

451 ★★★
□ **policy** [명] 정책, 방침; 보험 증권
□ [팔-러시]
□

크레이톤 주식회사는 채용 **policy**를 변경하여 절차를 간소화했다.
Craton Inc. changed its hiring **policy** to simplify the process.

[기출표현] comply with a company's policy 회사 정책을 따르다
a policy regarding refunds 환불에 관한 정책
an insurance policy 보험 증권

452 ★★★
□ **announce** [동] 발표하다, 알리다
□ [어나운(스)]
□

announcement [명] 발표, 공지

한스 사는 기자 회견에서 회사의 확장 계획을 **announce**했다.
Hans Co. **announced** its expansion plan at the press conference.

출제 포인트
announce vs. inform
의미상 유사한 어휘 announce와 inform(알리다)의 차이를 구별하여 알맞은 어휘를 고르는 문제로 출제된다. announce는 알리는 내용을 목적어로 취하는 반면, inform은 알리는 대상(사람)을 목적어로 취한다.
(**announce**/~~inform~~) a policy change 정책 변화를 알리다
(~~announce~~/**inform**) customers of price changes
고객들에게 가격 변경을 알리다

453 ★★★
□ **reduce** [동] 줄이다, 낮추다
□ [뤼듀-스]
□

reduction [명] 축소, 절감

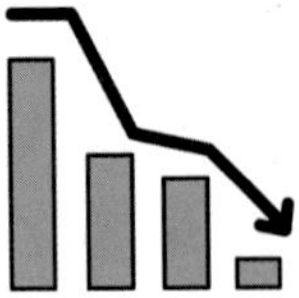

신규 재활용 프로그램이 사무용품 비용을 **reduce**했다.
The new recycling program has **reduced** office supply expenses.

[기출표현] reduce operating costs 운영 비용을 줄이다
a slightly reduced rate[price] 약간 감소한 비율[가격]
reduction in cost 비용 절감

454 ★★★
□
□ **record**
□ 명 [뤠커ㄹ(드)]
□ 동 [뤼커-ㄹ(드)]

명 기록; 음반
동 기록하다; 녹음[녹화]하다

recording 명 녹음, 녹화

그 교육 과정은 회사가 판매 **record**를 개선하는 데 도움이 되었다.
The training sessions helped the company improve its sales **record**.

기출표현 a sales record 판매 기록
make[keep] a record of ~의 기록을 작성하다[남기다]
record inventory 재고를 기록하다

455 ★★
□
□ **oppose**
□ [어**포**우(즈)]

동 반대하다

opposition 명 반대
opposed 형 반대하는
opposite 형 다른 쪽의
158
반 support 지원[지지]하다

직원들은 연간 보너스를 줄이는 계획에 **oppose**한다.
Employees **oppose** the plan to reduce annual bonuses.

기출표현 oppose a development project 개발 사업에 반대하다
in opposition to ~에 반대하여
be opposed to a policy 정책에 반대하다
the opposite side of ~의 반대쪽

456 ★★★
□
□ **share**
□ [쉐어ㄹ]

동 공유하다; 나누다
명 몫, 지분; 주식

shareholder 명 주주

모든 직원은 자기 생각을 회사 웹 사이트에 **share**할 수 있다.
All employees can **share** their ideas on the company's Web site.

기출표현 share the result of ~의 결과를 공유하다
a market share 시장 점유율

457 ★★★
□
□ **growth**
□ [그로우쓰]

명 성장, 증가

grow 동 자라다; 늘어나다

그 사업의 빠른 **growth**가 투자자들에게 깊은 인상을 주었다.
The rapid **growth** of the business impressed investors.

기출표현 rapid[significant] growth 급격한[상당한] 성장
a fast-growing industry 빠르게 성장하는 산업

458 ★★
☐
☐ **budget**
☐ [버짓]

(명) 예산(안), 경비
(형) 저렴한

budgetary (형) 예산의

경영진은 **budget**을 초과하지 않으려고 생산비를 삭감했다.
Management cut production costs to stay under **budget**.

기출표현 on a reduced budget 줄어든 예산으로
a budget flight 저가 항공

459 ★★
☐
☐ **raise**
☐ [뭬이(즈)]

(동) 높이다, 들어 올리다; (자금 등을) 모으다
(명) 임금 인상

(유) lift 올리다
(반) lower 내리다, 낮추다

그 상점은 보통 매년 가격을 **raise**한다.
The store usually **raises** its prices each year.

기출표현 raise funds 자금을 모으다
offer a pay raise 급여 인상을 제안하다

460 ★★
☐
☐ **security**
☐ [씨큐어뤼티]

(명) 보안, 경비; 보장

550 secure (형) 안전한
(동) 확보하다

security상의 이유로, 방문객들은 사진이 있는 신분증을 제시해야 한다.
For **security** reasons, visitors must present photo identification.

> **출제 포인트**
> 〈명사＋명사〉 형태인 복합 명사로 출제되므로 아래 복합 명사를 한 단어처럼 암기하자.
> **security** guards[reasons] 보안 요원[보안상의 이유]
> a **security** card[badge] 보안 카드[배지]
> job **security** 고용 보장

461 ★★
☐
☐ **effort**
☐ [에뿨ㄹ(트)]

(명) 노력, 수고

글렌 씨는 곧 있을 변화에 대해 명확히 설명하려는 **effort**를 했다.
Ms. Glenn made an **effort** to explain upcoming changes clearly.

기출표현 make an effort 노력하다
in an effort to *do* ~하려는 노력[시도]으로

462 ★★
□ **reach**
□
□ [뤼-취]

[동] 도달하다; 도착하다
[명] (손이 닿는) 거리; 범위

reachable [형] 도달 가능한

휴버 출판사의 최신 도서가 베스트셀러 목록에서 1위에 **reach**했다.
Huber Publishing's latest book **reached** number one on the best-seller list.

[기출표현] reach an agreement 합의에 도달하다
out of *one's* reach 손이 닿지 않는 곳에
be reachable by e-mail 이메일로 연락할 수 있다

463 ★★
□ **procedure**
□
□ [프뤄씨-줘ㄹ]

[명] 절차, 순서

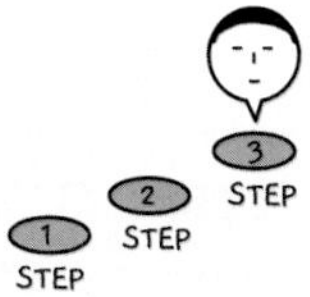

[유] process 절차, 과정 (272)

회계사들은 급여 지급 **procedure**를 정확하게 따라야 한다.
The accountants must follow the payroll **procedure** exactly.

[기출표현] follow safety procedures 안전 절차를 따르다
procedures for handling files 파일을 취급하는 절차

464 ★★
□ **extend**
□
□ [익스뗀(드)]

[동] 늘리다, 연장하다; 넓히다

extension [명] 확대, 연장; 내선
347 extensive [형] 광범위한
[유] expand 확대[확장]하다 (097)

로스 씨는 프로젝트 마감일을 3월 30일에서 4월 5일로 **extend**했다.
Ms. Ross **extended** the project deadline from March 30 to April 5.

[기출표현] extend an offer 제안(의 기한)을 연장하다
request a lease extension 임대 연장을 요청하다

465 ★
□ **flexible**
□
□ [쁠렉써블]

[형] 탄력적인, 융통성 있는; 유연한

flexibility [명] 융통성; 유연성

PIM 주식회사가 일하는 부모들을 위해 **flexible**한 근무 시간을 도입했다.
PIM Inc. introduced **flexible** working hours for its working parents.

[기출표현] a flexible schedule 조절 가능한 일정, 탄력 근로 시간제

466 ★★★
□
□ **proposed**
□ [프뤄**포**우(즈드)]

형 제안된

propose 동 제안하다
065 proposal 명 제안, 제의

그 대표이사는 **proposed**된 임금 인상을 거부했다.
The CEO rejected the **proposed** wage increase.

기출표현 a proposed plan[project] 제안된 계획[프로젝트]

467 ★★
□
□ **quarter**
□ [쿠워-ㄹ터ㄹ]

명 (사)분기(1년의 4분의 1); 4분의 1

quarterly 형 분기별의
부 분기별로

지난 **quarter** 동안에 매출이 상당히 증가했다.
Sales increased significantly during the last **quarter**.

기출표현 during the last[previous] quarter 지난 분기 동안
change quarterly 분기별로 바꾸다

468 ★★
□
□ **initiative**
□ [이니셔티(브)]

명 (문제 해결을 위한) 방안, 계획; 주도권

593 initiate 동 시작하다
381 initial 형 처음의, 최초의
initially 부 처음에

샌트렉스 사는 직원들의 직업 만족도를 향상시키기 위해 건강 관리
initiative를 시작했다.
Santrex Co. launched a health care **initiative** to improve workers'
job satisfaction.

출제 포인트
initiative, representative(대표, 판매원), objective(목표)와 같이 접
미사 -ive 형태로 끝나는 명사들에 주의하자.
a quality improvement **initiative** 품질 향상 방안
a sales **representative** 영업 사원
a short-term **objective** 단기 목표

469 ★★
□
□ **profit**
□ [프롸-삐(트)]

명 수익, 이익; 이득
동 이익[이득]을 얻다

115 profitable 형 수익성이 있는
474
유 revenue 수익, 총수입
반 loss 손실, 상실

RB 테크 사는 유럽으로 확장한 후 **profit**이 증가했다.
RB Tech's **profits** grew after it expanded into Europe.

기출표현 make a profit 수익을 내다
an increase[a decrease] in profits 수익의 증가[감소]

470 ★
□
□ **double**
□ [더블]

두배

ⓥ 두 배로 만들다[되다]
ⓐ 두 배의

프록터 주식회사는 2년 이내에 수익을 **double**하기를 기대한다.
Proctor Inc. expects to **double** its profits within two years.

기출표현 double the size 크기를 두 배로 늘리다
earn double points 두 배의 포인트를 획득하다

471 ★★
□
□ **establish**
□ [이스때블리쉬]

establishment ⓝ 업체; 설립
established ⓐ 확립된; 인정받는
ⓤ found 설립[창립]하다

ⓥ 설립하다; 형성[구축]하다

디아즈 디자인 사는 5년 전에 디아즈 씨에 의해 **establish**되었다.
Diaz Designs was **established** five years ago by Ms. Diaz.

기출표현 establish a relationship[partnership]
(동반자) 관계를 형성하다
a dining establishment 외식업체
be firmly established 확고히 자리 잡다

472 ★
□
□ **acquire**
□ [억쿠와이어ㄹ]

acquisition ⓝ 인수; 습득
406
ⓤ gain 얻다

ⓥ 인수하다, 획득하다; 습득하다

펜슨 의류 사는 천만 달러에 PK 스포츠웨어 사를 **acquire**했다.
Penson Apparel **acquired** PK Sportswear for $10 million.

기출표현 acquire a permit 허가증을 받다
acquire skills 기술을 습득하다
acquisition of a competitor 경쟁사의 인수

473 ★★
□
□ **implement**
□ [임플러멘(트)]

implementation ⓝ 시행, 이행
ⓤ carry out 수행[이행]하다

ⓥ 시행하다

이사회의 승인 없이는 새 정책을 **implement**할 수 없습니다.
We cannot **implement** a new policy without the board's approval.

기출표현 implement a policy[system] 정책[시스템]을 시행하다
the implementation of a plan 계획의 시행

474 ★
□ **revenue**
□
□ [뤠뷔뉴-]

[명] 수익, 총수입, 세입

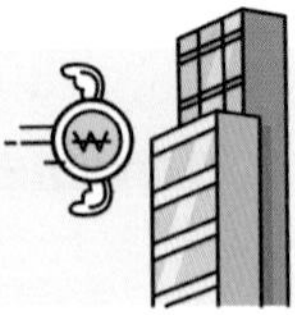

469
[유] profit 수익; 이득

럭스 자동차는 5천만 달러의 연간 **revenue**를 올린다.
Lux Autos has an annual **revenue** of $50 million.

[기출표현] bring increased revenue to ~에 수익 증대를 가져오다

475 ★★
□ **regulation**
□
□ [뤠귤레이션]

[명] 규정; 규제, 통제

regulate [동] 규제[통제]하다

[유] rule 규칙, 원칙

세금 **regulation** 때문에 모든 비용 지급은 보고되어야 한다.
All payments must be reported because of tax **regulations**.

[기출표현] safety[fire, building] regulations 안전[화재, 건축] 규정
follow[comply with] regulations 규정을 따르다[준수하다]

476 ★
□ **receipt**
□
□ [뤼씨-(트)]

[명] 영수증; 받기, 수령

062 receive [동] 받다
200 recipient [명] 수령인

물품 구매에 대해 상환받으시려면 **receipt**를 제시하세요.
Please show your **receipts** to be reimbursed for supply purchases.

출제 포인트
receipt vs. receiving
전치사의 목적어로 쓰일 수 있는 명사와 동명사의 차이를 구별하여 알맞은 형태를 고르는 자리 문제로 출제된다.
upon (**receipt**/~~receiving~~) of your payment
(명사: 전치사구의 수식 받음)
upon (~~receipt~~/**receiving**) your payment
(동명사: 목적어를 가짐) 지급을 받자마자

477 ★
□ **reflect**
□
□ [뤼쁠렉(트)]

[동] 반영하다, 나타내다; 반사하다

우리의 사업 관행은 회사의 관점을 **reflect**합니다.
Our business practices **reflect** the views of the company.

[기출표현] reflect a company's values 회사의 가치관을 반영하다

478 ★
☐☐☐ **generate** [**줴**너뤠이(트)]

[동] 만들어내다, 발생시키다

generation [명] 세대; 발생

공장을 더 많이 짓겠다는 결정이 더 큰 수익을 **generate**하는 것을 도왔다.
The decision to build more plants has helped to **generate** greater revenue.

[기출표현] generate profits 이익을 내다
generate enthusiasm 열정을 불러일으키다
for future generations 미래 세대를 위하여

479 ★
☐☐☐ **merge** [**머**-ㄹ쥐]

[동] 합병하다

merger [명] 합병

패터슨 하드웨어 사는 주요 경쟁사와 **merge**할 계획이다.
Patterson Hardware plans to **merge** with its main competitor.

[기출표현] a newly merged company 새로 합병된 회사
mergers and acquisitions 인수합병

출제 포인트
merge vs. acquire
의미상 유사한 어휘 merge와 acquire(인수하다)의 어법 차이를 구별하여 알맞은 어휘를 고르는 문제가 출제된다. 자동사인 merge는 전치사 with와 함께 쓰이지만, 타동사인 acquire는 바로 뒤에 전치사 없이 목적어를 취한다.
(**merge**/~~acquire~~) with another company 다른 회사와 합병하다
(~~merge~~/**acquire**) another company 다른 회사를 인수하다

480 ★
☐☐☐ **reveal** [뤼**뷔**일]

[동] 드러내다, 밝히다

[유] disclose 밝히다, 폭로하다
[반] hide 숨기다

사우스필드 회계사무소는 그들의 기업 합병 세부 사항을 **reveal**했다.
Southfield Accounting **revealed** the details of its corporate merger.

[기출표현] reveal results of a study 연구 결과를 밝히다

Part 3 & 4

주문·거래·배송 필수 어휘

주문·거래·배송과 관련된 대화 및 담화에 빈출되는 아래 어휘와 예문을 들어보세요.

■ distribution 유통

Customers are satisfied with our **distribution** system.
고객들은 우리의 유통 시스템에 만족합니다.

■ estimate 견적(서); 추정하다

Can you send me an **estimate** as soon as possible?
저에게 견적서를 가능한 한 빨리 보내주시겠어요?

■ track 추적하다; 자국, 길

I'm having difficulty **tracking** my order through your Web site.
저는 귀사의 웹 사이트를 통해 제 주문품을 추적하는 데 어려움을 겪고 있습니다.

■ exchange 교환하다; 교환

Please bring your receipt to **exchange** your item.
물건을 교환하려면 영수증을 지참하세요.

■ decrease 감소하다; 감소

Sales of our company's product have **decreased**.
우리 회사 제품의 판매가 감소했습니다.

■ stationery 문구류; 문방구

We need to call the **stationery** store to order some supplies.
몇 가지 물품을 주문하기 위해 문구점에 전화해야 해요.

■ defective 결함이 있는

I'd like to return this **defective** product.
저는 이 결함이 있는 제품을 반품하고 싶습니다.

■ affordable (가격이) 알맞은

The shipping cost for the goods was **affordable**.
그 상품의 배송료는 알맞았습니다.

■ spend (시간·돈 등을) 쓰다, 들이다

We don't want to **spend** too much money on a new car.
우리는 새 차에 너무 많은 돈을 쓰고 싶지 않아요.

■ complain 불평[항의]하다

I'm calling to **complain** about a delayed delivery.
저는 배송 지연에 관해 항의하려고 전화했습니다.

■ voucher 상품권

You will receive a **voucher** for $100 off a future order.
귀하는 다음 주문 시 100달러 할인이 되는 상품권을 받으실 것입니다.

■ warranty 품질 보증(서)

Our company offers extended **warranties** on the new products.
우리 회사는 신제품에 연장된 품질 보증을 제공합니다.

Check Up!

A 다음 영어 단어와 알맞은 뜻을 바르게 연결해보세요.

01 oppose •   • ⓐ 반대하다
02 growth •   • ⓑ 높이다; 임금 인상
03 raise •   • ⓒ 방안; 주도권
04 proposed •   • ⓓ 제안된
05 initiative •   • ⓔ 성장, 증가

B 문맥에 맞는 어휘를 골라 빈칸을 채우세요.

06 신규 재활용 프로그램이 사무용품 비용을 _____했다.

07 _____상의 이유로, 방문객들은 사진이 있는 신분증을 제시해야 한다.

08 지난 _____ 동안에 매출이 상당히 증가했다.

09 패터슨 하드웨어 사는 주요 경쟁사와 _____할 계획이다.

ⓐ flexible   ⓑ quarter   ⓒ merge   ⓓ security   ⓔ reduce

C 빈칸에 들어갈 알맞은 어휘를 고르세요.

10 The manager ------- an increase in vacation time for all employees.
   ⓐ announced   ⓑ informed

11 Upon ------- of the e-mail, I immediately contacted my supervisor.
   ⓐ receiving   ⓑ receipt

12 Mr. Kimble ------- a committee to review the budget of each department.
   ⓐ established   ⓑ reflected

ⓐ 01 ⓔ 02 ⓑ 03 ⓓ 04 ⓒ 05 ⓔ 06 ⓓ 07 ⓑ 08 ⓒ 09 ⓐ 10 ⓑ 11 ⓐ 12

어제 어휘 확인하기

● 어제 학습한 어휘를 얼마나 기억하고 있는지 확인하세요.

회사 정책·경영

- record
- reflect
- reveal
- revenue
- growth
- acquire
- profit
- receipt
- double
- quarter
- reach
- generate
- procedure
- security
- oppose

- share
- policy
- merge
- announce
- flexible
- reduce
- extend
- establish
- budget
- effort
- implement
- initiative
- regulation
- raise
- proposed

암기한 어휘 개수 _____ / 30

지역 공동체

● 오늘 학습할 어휘를 그림과 함께 살펴볼까요?

area
지역, 구역

appreciate
고마워하다

limit
제한하다

promote
촉진[홍보]하다

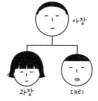

organization
조직

vehicle
차량

effect
영향; 초래하다

vacant
비어있는

generous
후한

surrounding
주위의

enthusiasm
열정

donate
기부[기증]하다

단어와 의미를 먼저 암기하세요.

481 ★★★
area
[에어뤼어]

[명] 지역, 구역; 분야

523
[유] district 지역, 구역
[유] region 지역

금연구역

그 도심 **area**에는 인기 있는 식당들이 많이 있다.
There are many popular restaurants in the downtown **area**.

[기출표현] an urban[a rural] area 도시[시골] 지역
in a designated area 지정된 구역에서
expertise in a particular area 특정 분야에 대한 전문 지식

482 ★★★
local
[로우컬]

[형] 지역의, 현지의
[명] 주민, 현지인

locally [부] 그 지역에서

[유] regional 지역의
[반] nationwide 전국적인

local의 주민들과 방문객들 모두 케인 공원에 즐겨 간다.
Both **local** residents and visitors enjoy going to Kain Park.

[기출표현] local residents 지역 주민들
hire locals 현지 주민을 채용하다
locally grown vegetables 현지에서 기른 채소들

483 ★★★
appreciate
[어프뤼-쉬에이(트)]

[동] 고마워하다; 감상하다

appreciation [명] 감사
appreciative [형] 고마워하는

[유] thank 감사하다

공공 도서관은 그 지역 서점에서 보내온 책을 **appreciate**했다.
The public library **appreciated** the books from the local bookstore.

[기출표현] express[show] (*one's*) appreciation 고마움을 표현하다
as a token of appreciation for ~에 대한 감사의 표시로
be appreciative of ~에 고마워하다

484 ★★★
□□□ **community** [커뮤-니티]

[명] 지역 주민, 지역 사회; 공동체

그 **community** 센터에서는 회원들에게 강의를 제공한다.
The **community** center offers classes to its members.

[기출표현] local[international] community 지역[국제] 사회

485 ★★★
□□□ **limit** [리미(트)]

[동] 제한하다
[명] 한계(점); 제한

limitation [명] 제한
limited [형] 제한된, 한정된
510
[유] restrict 제한하다

그 강의에 대한 등록은 포틀랜드 주민으로 **limit**된다.
Registration for the lecture is **limited** to residents of Portland.

[기출표현] within limits 한도 내에서

출제 포인트
과거분사 limited는 명사를 수식하는 형용사로 굳어져 쓰인다. 자주 쓰이는 명사들과 함께 한 덩어리로 외워두자.
a **limited** budget[option, number] 한정된 예산[선택권, 수]
for a **limited** time 제한된 시간 동안

486 ★★★
□□□ **public** [퍼블릭]

[형] 대중의, 일반인의; 공공의; 공개된
[명] 대중, 일반인

publicize [동] 홍보[광고]하다
publicity [명] 홍보, 광고

학생들은 **public**한 교통 수단에 대해 할인을 받을 수 있다.
Students can get a discount on **public** transportation.

[기출표현] public transportation 대중교통
the public relations department 홍보 부서
be open to the public 일반인에게 개방[공개]되다

487 ★★★
□□□ **annual** [애뉴얼]

[형] 연례의, 매년의, 연간의

annually [부] 매년, 1년에 한 번씩
[유] yearly 매년 하는[있는]

그 **annual**한 음악 축제는 여름마다 열린다.
The **annual** music festival is held every summer.

[기출표현] an annual audit 연례 회계 감사
renew an annual subscription 연간 구독을 갱신하다
take place annually 매년 열리다[개최되다]

488 ★★★
permit
동 [퍼ㄹ**미**(트)]
명 [**퍼**ㄹ미(트)]

동 허용[허락]하다
명 허가증

[437] **permission** 명 허락, 승인
[364]
유 **allow** 허용[허락]하다

공원에서 흡연하는 것은 **permit**되지 않습니다.
You are not **permitted** to smoke in the park.

기출표현 be permitted to *do* ~하는 것이 허용되다
a parking permit 주차 허가증

---

489 ★★
otherwise
[어더ㄹ**와**이(즈)]

부 다르게, 다른 방법으로; 그렇지 않으면

주민들은 더 많은 주차 공간을 원했지만, 도시 계획가는
otherwise하게 결정했다.
Locals wanted more parking, but the city planner decided
otherwise.

> **출제 포인트**
> unless otherwise noted[mentioned, stated]는 '달리 언급이 없
> 다면'이라는 의미로 자주 쓰이므로 암기해두자.
> Classes are free **unless otherwise noted[mentioned,
> stated]**. 달리 언급이 없다면 강의는 무료이다.

---

490 ★★
significant
[씨(그)니**뤼**컨(트)]

형 상당한; 중요한

significance 명 중요성
significantly 부 상당히

반 **insignificant** 하찮은

그 도시의 관광 산업에 **significant**한 성장이 있었다.
There has been **significant** growth in the town's tourism industry.

기출표현 a significant damage 상당한 피해
historical significance 역사적 중요성

---

491 ★★★
promote
[프뤄**모**우(트)]

동 촉진[홍보]하다; 승진[진급]시키다

[100] **promotion** 명 홍보 활동; 승진

시에서는 건강한 습관을 **promote**하기 위해 마라톤을 열었다.
The city held a marathon to **promote** healthy habits.

기출표현 promote tourism 관광을 홍보[촉진]하다
be promoted to a manager 관리자로 승진하다

492 ★★
organization
미 [오ㄹ거너**제**이션]
영 [오거나이**제**이션]

[명] 조직, 기관, 단체; 구성

197 organize [동] 준비[조직]하다
organizational [형] 조직의

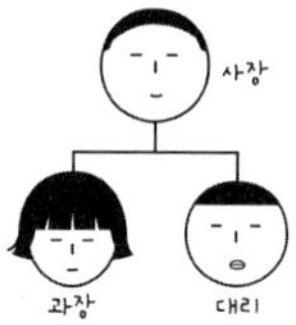

시장은 도시의 교육 **organization**의 구성원을 구하는 중이다.
The mayor is seeking members for the town's educational **organizations**.

[기출표현] a nonprofit[voluntary] organization 비영리[자원봉사] 단체
organizational structure 조직 구조

493 ★★
various
[**붸**뤼어스]

[형] 다양한, 여러 가지의

vary [동] 다르다, 다양하다
256 variety [명] 여러 가지
varied [형] 다양한
[유] 539 diverse 다양한

그 공공 도서관에는 **various**한 연령의 사람들을 위한 활동이 있다.
The public library has activities for people of **various** ages.

[기출표현] in various locations 다양한 지역에
vary from day to day 날마다 다르다

494 ★
vehicle
[**뷔**-어클]

[명] 차량, 탈것

제설 중에는 길가에 **vehicle**들을 주차할 수 없습니다.
Vehicles cannot be parked on the road during snow removal.

[기출표현] rent a vehicle 차량을 빌리다

495 ★★
volunteer
[발-룬**티**어ㄹ]

[동] 자원하다, 자원봉사를 하다
[명] 자원봉사자; 자원자, 지원자

voluntary [형] 자발적인
voluntarily [부] 자발적으로

코로나 씨는 잭슨 호수에서 쓰레기를 치우는 일을 **volunteer**했다.
Ms. Corona **volunteered** to clean up trash at Jackson Lake.

[기출표현] volunteer to *do* ~하는 일에 자원하다
work as a volunteer 자원봉사자로 일하다
strictly voluntary participation 완전히 자발적인 참여

496 ★★
□
□ **effect**
□ [이**뻭**(트)]

ⓝ 영향; 결과
ⓥ 초래하다

104 effective ⓗ 효과적인

높은 세금이 지역 사업체들에 부정적인 **effect**를 미쳤다.
The high taxes had a negative **effect** on local businesses.

기출표현 have an effect on ~에(게) 영향을 미치다
go into effect(= take effect) (제도 등이) 발효[시행]되다
a side effect 부작용

497 ★★
□
□ **considerably**
□ [컨**씨**더러블리]

ⓟ 상당히, 많이

considerable ⓗ 상당한, 많은
ⓤ significantly 상당히

공장의 개업 이후에 그 도시는 **considerably**하게 성장했다.
The city has grown **considerably** since the opening of the factory.

출제 포인트
considerably는 변화의 정도를 강조하는 부사로, 현재 완료 시제의 동
사(has[have] *p.p.*)나 비교급 형용사와 자주 함께 쓰인다.
Profits have increased **considerably**. 수익이 상당히 증가하였다.
become **considerably** higher (수치 등이) 상당히 높아지다

498 ★★
□
□ **rely**
□ [륄라이]

ⓥ 의지[의존]하다

324 reliable ⓗ 신뢰할 수 있는
020
ⓤ depend 의존하다

그 단체는 자원봉사자에 **rely**하여 모금 행사를 연다.
The organization **relies** on volunteers to hold fundraising events.

기출표현 rely on[upon] ~에 의지하다

499 ★★
□
□ **anticipate**
□ [앤**티**써페이(트)]

ⓥ 예상하다; 기대하다

anticipation ⓝ 예상
273
ⓤ expect 예상[기대]하다

그 고속도로 보수 작업은 3주가 걸릴 것으로 **anticipate**된다.
The highway repairs are **anticipated** to take three weeks.

기출표현 take longer than anticipated
예상했던 것보다 더 오래 걸리다
in anticipation of ~을 예상하고

500 ★★
vacant
[붸이컨(트)]

ⓗ 비어있는; 결원의

vacate ⓥ 비우다
vacancy ⓝ 결원, 공석

워든 가에 있는 그 **vacant**한 건물은 허물어질 것이다.
The **vacant** building on Warden Street will be torn down.

기출표현 be vacant for years 몇 년간 비어있다
a job vacancy 일자리 공석

501 ★
author
[어-뚸ㄹ]

ⓝ 작가, 저자

ⓤ writer 작가
ⓤ novelist 소설가

그 **author**의 책 사인회가 그의 강연 이후에 열릴 것이다.
The **author**'s book signing will be held after his speech.

502 ★
environment
[인봐이뤈먼(트)]

ⓝ 환경

environmental ⓗ 환경의
environmentally ⓟ 환경적으로

시 공무원들은 **environment**를 보호하기 위해 재활용
프로그램을 시작했다.
City officials started a recycling program to protect the **environment**.

기출표현 a work environment 근로 환경
an environmental impact 환경적인 영향
an environmentally friendly product 환경친화적인 제품

503 ★★
generous
[줴너러(스)]

ⓗ 후한, 관대한

generously ⓟ 후하게
generosity ⓝ 너그러움

그 프로젝트는 주민들의 **generous**한 지지 덕분에 성공적이었다.
The project was a success because of the **generous** support from
residents.

기출표현 generous support[assistance] 아낌없는 지원
reward generously 후하게 사례하다
thanks to the generosity of ~의 관대함 덕분에

504 ★
□ **surrounding** [형] 주위의, 주변의
□
□ [써롸운딩]

surround [동] 둘러싸다
surroundings [명] 환경

[유] neighboring 인근의

그 새로운 병원은 그 도시와 **surrounding**한 지역에 유익하다.
The new hospital benefits the town and the **surrounding** areas.

출제 포인트
surrounding vs. surrounded
형용사로 쓰이는 현재분사 surrounding과 과거분사 surrounded(둘러싸인)의 의미 차이를 구별하여 문맥에 적합한 어휘를 고르는 문제가 출제된다.
the (**surrounding**/~~surrounded~~) area[property] 주변 지역[건물]
be (~~surrounding~~/**surrounded**) by fences 담장으로 둘러싸이다

505 ★★
□ **individual** [형] 각각의, 개인의
□ [명] 개인
□ [인디뷔주얼]

individually [부] 개별적으로, 따로
296
[유] separate 별도의
[유] person 개인

individual한 시민들이 협력해서 자선 기금을 모았다.
Individual citizens worked together to raise money for charity.

[기출표현] responses to individuals 개개인에게 한 답변
wrap each product individually 각 제품을 따로 포장하다

506 ★
□ **preserve** [동] 보존하다, 지키다
□
□ [프뤼저-ㄹ(브)]

preservation [명] 보존

[유] conserve 보호[보존]하다

주민들의 캠페인 덕분에 오래된 애덤스 극장이 **preserve**되었다.
The old Adams Theater was **preserved** because of the residents' campaign.

[기출표현] preserve a historic building
역사적으로 중요한 건물을 보존하다
the preservation of documents 문서의 보존

507 ★★
□ **enthusiasm** [명] 열정; 열광
□
□ [인뚜-지애즘]

enthusiastic [형] 열렬한
enthusiastically [부] 열광적으로

최 씨는 공립 공원을 만드는 일에 **enthusiasm**을 보였다.
Ms. Choi showed her **enthusiasm** for building a public park.

[기출표현] be enthusiastic about ~에 열중하다

508 ★
□
□ **donate**
□ [도우네이(트)]

ⓢ 기부[기증]하다

donation ⓝ 기부, 기증
donor ⓝ 기부자

많은 사업주가 그 박물관 모금 행사에 **donate**했다.
Many business owners **donated** to the museum fundraiser.

기출표현 donate money to ~에 돈을 기부하다
be donated anonymously 익명으로 기부되다
make a donation to a charity 자선 단체에 기부를 하다

---

509 ★
□
□ **comply**
□ [컴플라이]

ⓢ 따르다, 준수하다

compliance ⓝ 준수
376
ⓥ follow 따르다
ⓥ observe 준수하다; 보다

음식 축제의 간이 점포들은 보건 규정을 **comply**해야만 한다.
Booths at the food festival must **comply** with health regulations.

> **출제 포인트**
> comply vs. follow
> 의미상 유사한 어휘 comply와 follow(따르다)의 어법 차이를 구별하
> 여 알맞은 어휘를 고르는 문제가 출제된다. 자동사인 comply는 전치사
> with와 함께 쓰이지만, 타동사인 follow는 뒤에 전치사 없이 목적어를
> 바로 취한다.
> (**comply**/follow) with the policy 정책을 따르다
> (comply/**follow**) regulations 규정을 따르다

---

510 ★
□
□ **restrict**
□ [뤼스트뤽(트)]

ⓢ 제한하다, 통제하다

restriction ⓝ 제한
restricted ⓐ 제한된
485
ⓥ limit 제한하다

그 도시 투어는 하루에 20명으로 **restrict**된다.
The city tour is **restricted** to twenty people a day.

기출표현 be restricted to ~으로 제한되다
restriction on ~에 대한 제한
a restricted area 제한 구역

Part 3 & 4

여행·출장·숙박 필수 어휘

여행·출장·숙박과 관련된 대화 및 담화에 빈출되는 아래 어휘와 예문을 들어보세요.

■ **change** 변경, 변화; 바꾸다

There's a **change** in our tour schedule.
우리 여행 일정에 변경 사항이 있어요.

■ **account** 계정; 계좌

Please charge the extra fees to the corporate **account**.
추가 요금은 회사 계정으로 청구해주세요.

■ **check out** 퇴실하다

The hotel requires visitors to **check out** by noon.
그 호텔은 투숙객에게 정오까지 퇴실할 것을 요구합니다.

■ **agency** 대리점, 대행사

I called the travel **agency** to make a flight reservation.
저는 항공편 예약을 하려고 여행사에 전화했어요.

■ **unfortunately** 유감스럽게도

Unfortunately, we don't have any rooms available.
유감스럽게도, 이용 가능한 객실이 없습니다.

■ **monthly** 매월의, 한 달에 한 번의

Your travel expenses will be reimbursed **monthly**.
귀하의 출장비는 다달이 환급될 것입니다.

■ **handle** 다루다, 처리하다

Mr. Williams will **handle** the travel arrangements.
윌리엄스 씨가 여행 준비를 처리할 거예요.

■ **complimentary** 무료의

The hotel provides **complimentary** breakfast.
그 호텔은 무료 조식을 제공합니다.

■ **revise** 변경[수정]하다

Is it possible to **revise** the itinerary now?
지금 일정표를 수정하는 게 가능한가요?

■ **incorrect** 잘못된, 부정확한

The agency has given **incorrect** contact information.
그 대리점에서 잘못된 연락처를 주었어요.

■ **frequent** 빈번한

It's the best choice for **frequent** travelers.
이것은 여행을 자주 다니시는 분들에게 최고의 선택입니다.

■ **immediately** 즉시

I recommend that you book a train ticket **immediately**.
즉시 기차표를 예약하시기를 추천합니다.

Check Up!

A 다음 영어 단어와 알맞은 뜻을 바르게 연결해보세요.

01 public   ·   · ⓐ 조직, 기관

02 organization ·   · ⓑ 각각의; 개인

03 effect   ·   · ⓒ 보존하다, 지키다

04 individual ·   · ⓓ 대중의; 대중

05 preserve ·   · ⓔ 영향; 초래하다

B 문맥에 맞는 어휘를 골라 빈칸을 채우세요.

06 공원에서 흡연하는 것은 ＿＿＿＿＿＿＿되지 않습니다.

07 그 공공 도서관에는 ＿＿＿＿＿＿＿한 연령의 사람들을 위한 활동이 있다.

08 시 공무원들은 ＿＿＿＿＿＿＿를 보호하기 위해 재활용 프로그램을 시작했다.

09 워든 가에 있는 그 ＿＿＿＿＿＿＿한 건물은 허물어질 것이다.

> ⓐ environment ⓑ vacant ⓒ volunteer ⓓ permit ⓔ various

C 빈칸에 들어갈 알맞은 어휘를 고르세요.

10 The Art Festival is held every year to ------- an appreciation of art.
 ⓐ limit   ⓑ promote

11 The number of parade participants is ------- higher this year.
 ⓐ considerably   ⓑ otherwise

12 Residents of Burbank and those of the ------- communities visit the theater.
 ⓐ surrounding   ⓑ surrounded

어제 어휘 확인하기

● 어제 학습한 어휘를 얼마나 기억하고 있는지 확인하세요.

지역 공동체

- surrounding
- restrict
- otherwise
- comply
- area
- promote
- donate
- rely
- local
- author
- enthusiasm
- volunteer
- generous
- preserve
- significant

- vehicle
- annual
- various
- public
- effect
- community
- considerably
- appreciate
- vacant
- anticipate
- environment
- individual
- permit
- limit
- organization

암기한 어휘 개수 _____ / 30

DAY 18

건물·주택

● 오늘 학습할 어휘를 그림과 함께 살펴볼까요?

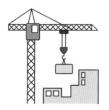
construction
건설

property
부동산; 재산

obtain
얻다

install
설치하다

architect
건축가

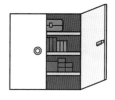
storage
저장; 저장고

occupy
사용하다

compact
작은, 소형의

relocate
이전[이동]하다

conveniently
편리하게

utility
공공 서비스

commute
통근하다

단어와 의미를 먼저 암기하세요.

511 ★★★
construction [컨스뜨뤅션]
[명] 건설, 공사; 건축물

construct [동] 건설하다
constructive [형] 건설적인

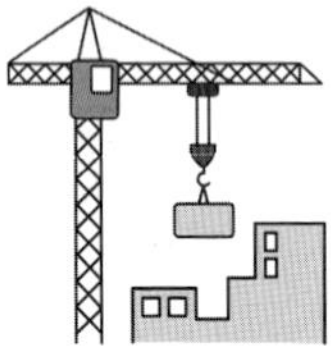

시에서 그 주차 빌딩의 **construction**을 승인했다.
The city approved the **construction** of the parking garage.

[기출표현] the construction site[industry] 건축 부지[산업]
be under construction 공사 중이다
be constructed in ~에 건설되다
constructive feedback 건설적인 피드백

512 ★★
lease [리-스]
[명] 임대차 계약
[동] 임대[임차]하다

[유] rent 임대[임차]하다

로버츠 씨는 방 두 칸짜리 주택의 **lease**를 맺었다.
Ms. Roberts signed a **lease** for a two-bedroom house.

[기출표현] sign a lease contract 임대차 계약을 맺다
lease restaurant space 식당 공간을 임대[임차]하다

513 ★★★
property [프롸-퍼ㄹ티]
[명] 부동산, 건물; 재산, 소유물

샘슨 빌딩의 소유주는 그 **property**를 팔고 싶어 한다.
The Samson Building's owner wants to sell the **property**.

[기출표현] a property management office 건물 관리 사무소
a historic property 역사적으로 중요한 건물
lost property 분실물

514 ★★★
resident [뤠지던(트)]
[명] 거주자, 주민

reside [동] 거주하다
residence [명] 주택, 거주지
residential [형] 주택지의

오직 지역 **resident**들만이 수영장을 사용하도록 허용된다.
Only local **residents** are allowed to use the swimming pool.

[기출표현] neighborhood residents 이웃 주민들
a residential area[property] 주택가[주거용 부동산]

515 ★★★
□
□ **accessible**
□ [엑쎄써블]

웹 접근 가능한; 얻을[이용할] 수 있는

³⁹⁵access 몡 접근(권한), 입장
　　　 동 접근하다
accessibility 몡 접근성

뉴포트 타워는 버스와 지하철로 **accessible**하다.
Newport Tower is **accessible** by bus and by subway.

> **출제 포인트**
> 보어 자리에 자주 오는 accessible은 '(장소·물건에) 접근 가능한'이라
> 는 의미와 '(사물 등을) 얻을[이용할] 수 있는'이라는 두 가지 의미로 모
> 두 자주 출제된다.
> be **accessible** from Elm Street 엘름 가에서 접근할 수 있다
> be readily **accessible** to customers
> 고객들이 바로 이용할 수 있다

516 ★★
□
□ **obtain**
□ [업테인]

동 얻다, 획득하다

⁴⁰⁶
유 **gain** 얻다

역사적으로 중요한 건물의 소유주는 어떤 변경 사항에 대해서라도
허가를 **obtain**해야 한다.
Owners of historic buildings must **obtain** permission for any
changes.

기출표현 obtain permission[a permit] 허가[허가증]를 얻다
　　　　 obtain A from B A를 B에서 얻다

517 ★★
□
□ **view**
□ [뷰-]

몡 경관, 전망; 견해, 시각
동 보다

viewing 몡 시청, 관람

유 **landscape** 풍경

파크웨이 레지던스에서는 하모니호의 훌륭한 **view**가 보인다.
Parkway Residences has an excellent **view** of Lake Harmony.

기출표현 with a view of ~의 전망이 보이는
　　　　 a view about[on] ~에 관한 견해
　　　　 view A as B A를 B로 보다

518 ★★

□□□ **improvement** [명] 개선 (작업), 향상

[임프루-(브)먼(트)]

368 improve [동] 개선하다

[유] enhancement 향상, 개선

건물주는 그 아파트에 **improvement**를 하려고 계획하고 있다.
The landlord plans to make **improvements** to the apartment.

[기출표현] home improvement 주택 개조
room for improvement 개선의 여지

519 ★★

□□□ **install** [동] 설치하다

[인스털-]

installation [명] 설치, 설비
installment [명] 할부금

[유] set up 설치하다

새 창문들은 10월 말 전에 **install**되어야 합니다.
New windows should be **installed** before the end of October.

[기출표현] install a carpet 카펫을 깔다
the installation of a fan 선풍기 설치
pay in installments 할부로 지불하다

520 ★★

□□□ **commercial** [형] 상업의, 상업적인 [명] 광고 (방송)

[커머-ㄹ셜]

commerce [명] 상업

많은 업체가 **commercial**한 건물의 임대료를 감당하지 못한다.
Many businesses cannot afford the rent in **commercial** buildings.

[기출표현] a commercial building[construction] 상업용 건물
a television commercial 텔레비전 광고

521 ★★

□□□ **deposit** [명] 보증금; 예치금 [동] 두다; 예금하다

[디파-짓]

이사 오시기 전에 1,000달러의 **deposit**을 내셔야 합니다.
You must pay a **deposit** of $1,000 before moving in.

[기출표현] a security deposit 담보 보증금
a refundable deposit 환불 가능한 보증금

522 ★
□
□ **architect**
□ [아-ㄹ키텍(트)]

architecture 몡 건축학
architectural 혱 건축(학)의

몡 건축가

파텔 씨는 새 사무실을 설계할 **architect**를 고용했다.
Mr. Patel hired an **architect** to design the new office.

> **출제 포인트**
> architect vs. architecture
> 사람 명사인 architect와 추상 명사인 architecture(건축학)를 구별하
> 여 문맥에 적합한 명사를 고르는 문제가 출제된다.
> be designed by a famous (**architect**/~~architecture~~)
> 유명한 건축가에 의해 설계되다
> study (~~architect~~/**architecture**) 건축학을 공부하다

523 ★
□
□ **district**
□ [디스뜨릭(트)]

481
윤 area 지역, 구역

몡 지역, 지구, 구역

상업 **district**의 사무실들은 깨끗하고 넓다.
Offices in the business **district** are clean and spacious.

기출표현 a business[financial, historic] district
상업[금융, 역사] 지구

524 ★
□
□ **storage**
□ [스또-뤼쥐]

store 동 저장하다
몡 가게, 상점

몡 저장, 보관; 저장고

각 층에는 사무용품을 두는 **storage** 공간이 있다.
Each floor has **storage** space to keep office supplies.

기출표현 storage capacity 저장 용량
safe storage of ~의 안전한 보관

525 ★★
□
□ **tenant**
□ [테넌(트)]

반 landlord 집주인, 건물주

몡 세입자

tenant들은 이사 가는 것에 대해 집주인에게 미리 말해야 한다.
Tenants should tell their landlords in advance about moving out.

기출표현 a prospective tenant 세입 예정자

526 ★★★
☐
☐ **occupy**
☐ [아-큐파이]

ⓢ 사용하다, 차지하다; (공직을) 맡다

occupancy ⓝ 거주, 점유; 이용률
occupied ⓗ 사용 중인
unoccupied ⓗ 비어 있는

보틀리 주식회사는 미들턴 타워의 3층을 **occupy**한다.
Botley Inc. **occupies** the third floor of Middleton Tower.

기출표현 be occupied by ~에 의해 사용[점유]되다
occupy a position 직위를 맡다
a hotel's weekend occupancy 호텔의 주말 이용률

527 ★★
☐
☐ **equip**
☐ [이쿠입]

ⓢ 장비를 갖추다

³⁶⁷equipment ⓝ 장비; 용품

각 가구마다 방범 경보기가 **equip**되어 있다.
Each unit is **equipped** with a security alarm.

기출표현 be equipped with ~을 갖추고 있다
a well-equipped kitchen 설비가 잘 갖춰진 주방

528 ★★
☐
☐ **compact**
☐ [컴팩트]

ⓗ 작은, 소형의

그 의자의 **compact**한 디자인은 좁은 공간에 적합하다.
The chair's **compact** design is perfect for small spaces.

기출표현 a light and compact radio 가볍고 작은 라디오

529 ★★
☐
☐ **proximity**
☐ [프락-씨미티]

ⓝ 가까움, 근접

레이너 빌딩은 지하철역과의 **proximity** 때문에 인기가 있다.
The Raynor Building is popular because of its **proximity** to the
subway station.

> **출제 포인트**
> 특정한 장소와 거리·시간상 가까이 있음을 나타낼 때 〈proximity to+
> 장소〉(~와의 가까움)의 형태로 자주 출제되므로 한 덩어리로 외워두자.
> its **proximity** to the park 공원과의 가까움

530 ★★
□
□ **relocate**
□ [륄-로우케이(트)]

동 이전[이동]하다

relocation 명 이전, 전근

윤 move 이전하다, 움직이다

마리아 씨는 사무실과 가까워지려고 맨해튼으로 **relocate**했다.
Ms. Maria **relocated** to Manhattan to be near her office.

기출표현 relocate the headquarters 본사를 이전하다
the relocation of a restaurant 식당 이전

531 ★★
□
□ **probably**
□ [프롸-바블리]

부 아마도

윤 perhaps 아마, 어쩌면
윤 possibly 아마

집주인은 **probably** 침실의 카펫을 교체해줄 것이다.
The landlord will **probably** replace the carpet in the bedroom.

532 ★★
□
□ **circumstance**
□ [써-ㄹ컴스땐(스)]

명 상황, 환경; 정황

윤 situation 상황

특정 **circumstance**에서는, 보증금이 반환되지 않을 것입니다.
Under certain **circumstances**, the deposit will not be returned.

기출표현 under any circumstances 어떠한 상황에서라도
unforeseen[unavoidable] circumstances
예상하지 못한[피할 수 없는] 상황

533 ★
□
□ **amenity**
□ 미 [어메너티]
□ 영 [어미-너티]

명 (생활) 편의 시설

윤 ³⁶³ facility 시설, 설비

그 건물의 **amenity**는 체육관과 회의실을 포함한다.
The building's **amenities** include a gym and meeting rooms.

기출표현 modern amenities 현대적인 편의 시설

534 ★★

conveniently

[컨뷔-니언(틀)리]

[부] 편리하게, 편리한 곳에

convenience [명] 편리, 편의
convenient [형] 편리한

오스본 타워는 주요 고속도로 근처에 **conveniently**하게 위치하고 있다.
Osborne Tower is **conveniently** located near a major highway.

[기출표현] at one's earliest convenience 가능한 한 빨리

출제 포인트

conveniently vs. convenient
수식하는 대상에 따라 알맞은 품사를 고르는 자리 문제로 출제된다.
be (**conveniently**/~~convenient~~) positioned (부사: 동사 수식)
편리한 곳에 위치하다
(~~conveniently~~/**convenient**) services (형용사: 명사 수식)
편리한 서비스

535 ★

portable

[포-ㄹ터블]

[형] 휴대[이동]하기 쉬운, 휴대용의

[유] light 가벼운

이 **portable**한 에어컨은 작고 조용하다.
This **portable** air conditioner is small and quiet.

[기출표현] a portable electronic device 휴대용 전자 기기

536 ★

utility

[유틸러티]

[명] (수도·전기 등의) 공공 서비스
[형] 다용도의, 다목적의

utilize [동] 활용[이용]하다

대형 아파트의 **utility** 요금이 더 비싸다.
The **utility** bills are higher for a large apartment.

[기출표현] utilize alternative energy source
대체 에너지 자원을 활용하다

537 ★

costly

[커-스(틀)리]

[형] 값비싼, 많은 돈[비용]이 드는

068 cost [명] 값, 비용
[동] (비용이) 들다
260 [유] expensive 비싼

시내에 아파트를 임대하는 것이 더 **costly**해지고 있다.
Renting an apartment downtown is becoming more **costly**.

[기출표현] be more costly than A A보다 더 비싸다

538 ★ commute

commute [커뮤-트]

동 통근하다
명 통근 (거리)

commuter 명 통근자

밀러 씨는 집과 직장 사이를 지하철로 **commute**한다.
Ms. Miller **commutes** between home and work by subway.

> **기출표현**
> a daily commute 매일의 통근
> a two-hour commute 2시간 걸리는 통근 거리
> a shuttle for commuters 통근자들을 위한 셔틀

539 ★ diverse

diverse [다이붜-ㄹ (스)]

형 다양한

diversity 명 다양성
diversely 부 다양하게
493
유 various 다양한

에드워즈 부동산에는 **diverse**한 종류의 주택 옵션이 있습니다.
Edwards Realty has a **diverse** range of housing options.

> **기출표현**
> a diverse range of 다양한 종류의 ~
> a diversity of 다양한 ~

540 ★ capable

capable [케이퍼블]

형 ~을 할 수 있는

capability 명 능력, 역량

유 able ~할 수 있는

그 개발업자는 건설 프로젝트를 한 달 내에 끝마치는 것이 **capable**하다.
The developer is **capable** of finishing the building project within one month.

> **출제 포인트**
> **capable vs. able**
> 의미상 유사한 어휘 capable과 able(~할 수 있는)의 어법 차이를 구별하여 알맞은 어휘를 고르는 문제가 출제된다. capable은 전치사 of와 함께 쓰이는 반면, able은 to부정사와 함께 쓰인다.
> be (**capable**/~~able~~) of providing services
> 서비스를 제공할 수 있다
> be (~~capable~~/**able**) to speak three languages
> 3개 국어를 할 수 있다

Part 3 & 4

생산·유지·보수 필수 어휘

생산·유지·보수와 관련된 대화 및 담화에서 빈출되는 아래 어휘와 예문을 들어보세요.

■ facility 시설, 기관

An inspector will visit our new **facility** to inspect it.

조사관이 우리의 새 시설을 점검하기 위해 그곳을 방문할 것입니다.

■ electronic 전자의

Fortunately, all of our **electronic** devices have passed the quality test.

다행히도 우리의 전자 기기 모두가 품질 검사를 통과했습니다.

■ quality (품)질

We put a lot of effort into maintaining the **quality** of our products.

저희는 제품의 품질을 유지하기 위해 많은 노력을 들입니다.

■ notice 공지; 알아차리다

We need to give customers sufficient **notice** about the recall.

우리는 고객들에게 제품 회수에 관해 충분한 공지를 해줘야 합니다.

■ process 처리하다; 과정

The used parts are **processed** at the recycling facility.

중고 부품들은 재활용 시설에서 처리됩니다.

■ damaged 손상된, 파손된

It seems that one of the devices was **damaged** during assembly.

장치 중 하나가 조립 중에 손상된 것 같습니다.

■ procedure 절차

We will introduce a new safety **procedure** at the factory.

우리는 공장에 새로운 안전 절차를 도입할 것입니다.

■ original 원래의; 원본

Please keep products in the **original** package for storage.

보관 시에는 원래의 포장용 상자에 제품을 넣어 보관해주세요.

■ worth ~의 가치가 있는; 가치

The new system is **worth** the investment.

그 신규 시스템은 투자 가치가 있습니다.

■ reduce 줄이다, 낮추다

This year's goal is to **reduce** defect rate.

올해의 목표는 불량률을 줄이는 것입니다.

■ regulation 규정

Please follow safety **regulations** while you're operating equipment.

장비를 작동하는 동안에는 안전 규정을 따라주세요.

■ productive 생산적인

The new machine will help us become more **productive**.

그 새로운 기계는 우리가 더 생산적이 되는 데에 도움이 될 것입니다.

Check Up!

A 다음 영어 단어와 알맞은 뜻을 바르게 연결해보세요.

01 lease •   • ⓐ 장비를 갖추다

02 equip •   • ⓑ 개선 (작업), 향상

03 tenant •   • ⓒ 임대차 계약; 임대하다

04 probably •   • ⓓ 아마도

05 improvement •   • ⓔ 세입자

B 문맥에 맞는 어휘를 골라 빈칸을 채우세요.

06 샘슨 빌딩의 소유주는 그 _____를 팔고 싶어 한다.

07 파텔 씨는 새 사무실을 설계할 _____를 고용했다.

08 그 의자의 _____한 디자인은 좁은 공간에 적합하다.

09 시내에 아파트를 임대하는 것이 더 _____해지고 있다.

| ⓐ compact | ⓑ deposit | ⓒ property | ⓓ costly | ⓔ architect |

C 빈칸에 들어갈 알맞은 어휘를 고르세요.

10 Ms. Zhang's office is ------- by both an elevator and a stairway.
   ⓐ accessible   ⓑ diverse

11 Wilmont Department Store ------- the largest area in that shopping mall.
   ⓐ commutes   ⓑ occupies

12 The newest subway station is ------- positioned near the main street.
   ⓐ conveniently   ⓑ convenient

01 ⓒ 02 ⓐ 03 ⓔ 04 ⓓ 05 ⓑ 06 ⓒ 07 ⓔ 08 ⓐ 09 ⓓ 10 ⓐ 11 ⓑ 12 ⓐ

어제 어휘 확인하기

건물 · 주택

- probably
- diverse
- resident
- relocate
- commute
- install
- utility
- accessible
- construction
- architect
- improvement
- proximity
- lease
- occupy
- commercial

- costly
- equip
- circumstance
- conveniently
- deposit
- property
- portable
- tenant
- district
- view
- amenity
- capable
- storage
- obtain
- compact

암기한 어휘 개수 _____ / 30

DAY 19

경제·경기

● 오늘 학습할 어휘를 그림과 함께 살펴볼까요?

current
현재의

concern
우려, 걱정

predict
예측[예견]하다

consult
참고하다; 상담하다

impact
영향

figure
수치

attribute
결과로[덕분으로] 보다

rapid
급속한, 빠른

steady
꾸준한

face
직면하다

substitute
대신하는 것[사람]

stable
안정된

단어와 의미를 먼저 암기하세요.

541 ★★★

□ **industry** [명] 산업, 공업
□
□ [인더스뜨뤼]

industrial [형] 산업(용)의

소셜 미디어는 전 세계적으로 빠르게 성장하는 **industry**이다.
Social media is a fast-growing **industry** around the world.

[기출표현] an industry leader 업계 선두 주자
the fashion industry 패션산업
industrial machinery 산업용 장비

542 ★★★

□ **remain** [동] 계속 ~이다; 남아 있다
□
□ [뤼메인]

remainder [명] 나머지
remaining [형] 남아 있는, 남은

수입 부과금은 새로운 협약하에서도 동일하게 **remain**될 것이다.
Import fees will **remain** the same under the new agreement.

[기출표현] remain constant 변함없이 유지되다
for the remainder of the year 올해 남은 기간 동안에
a remaining inventory[stock] 남아 있는 재고

543 ★★★

□ **current** [형] 현재의; 통용되는
□ [명] 흐름; 경향
□ [커-뤈(트)]

currency [명] 통화, 화폐
284 currently [부] 현재, 지금
185
[유] present 현재의

current한 트렌드는 소기업의 주식을 매입하는 것이다.
The **current** trend is to buy stocks in small companies.

[기출표현] retain current customers 현재의 고객을 유지하다
local[foreign] currency 현지[외국] 화폐

544 ★★★

□ **nearly** [부] 거의
□
□ [니얼리]

near [형] 가까운
[부] 가까이

[유] almost 거의

지역 주민들 중 **nearly** 17%가 실업 상태이다.
Nearly seventeen percent of local residents are unemployed.

[기출표현] for nearly two decades 거의 20년 동안
be nearly complete 거의 완료되다

545 ★★★
□□□ **concern** [컨써ㄹ언]

[명] 우려, 걱정
[동] 걱정시키다; 관련되다, 영향을 주다

concerning [전] ~에 관한

고객들은 하락하는 주가에 대해 **concern**을 표했다.
Clients expressed their **concerns** about the falling stock prices.

[기출표현] concerns regarding the efficiency 효율성에 관한 우려
be concerned with ~와 관련되다
policies concerning energy 에너지에 관한 정책

546 ★★★
□□□ **likely** [라이클리]

[형] 있을 것 같은, 가능성이 있는; 유력한
[부] 아마도

like [전] ~ 같은, ~처럼
[유] probably 아마도 531

연휴 동안 관광 사업의 증진이 **likely**하다.
Tourism is **likely** to improve during the holidays.

[기출표현] the most likely candidate 가장 유력한 후보자

출제 포인트
〈be동사+형용사+to *do*〉 구조의 어구들은 한 덩어리로 외워두자.
be **likely** to *do* ~할 것 같다, ~하기 쉽다
be **able** to *do* ~할 수 있다
be **willing** to *do* 기꺼이 ~하다

547 ★★
□□□ **predict** [프뤼딕(트)]

[동] 예측[예견]하다

prediction [명] 예측
[유] forecast 예측[예보]하다

전문가들은 환율의 하락을 **predict**했다.
Experts **predicted** a drop in the exchange rate.

[기출표현] predict a trend 트렌드를 예견하다

548 ★★
□□□ **period** [피어뤼어(드)]

[명] 기간, 시기

periodical [명] 정기 간행물
periodic [형] 정기적인
periodically [부] 정기적으로

에너지 시장은 짧은 **period** 안에 크게 변화했다.
Energy markets changed significantly in a short **period** of time.

[기출표현] a long[short] period of time 오랜[짧은] 기간
publish periodicals 정기 간행물을 출판하다
periodic notifications 정기적인 알림

549 ★★

☐
☐ **retail**
☐ [뤼-테일]

retailer 몡 소매업자

⑮ wholesale 도매(업)

몡 소매

더 낮은 세금이 **retail** 상점들의 수익을 늘렸다.
Lower taxes have increased the profits of **retail** stores.

기출표현 a retail space (건물의) 상가용 공간
an emerging retailer 신흥 소매업자

---

550 ★★★

☐
☐ **secure**
☐ [씨큐어ㄹ]

⁴⁶⁰ security 몡 보안, 경비
securely 뙤 안전하게; 단단히

동 확보하다, 얻어내다
형 안전한, 안정된

기업들은 은행으로부터 자금을 **secure**할 수 있다.
Companies can **secure** funding from banks.

기출표현 be kept secure 안전하게 보관되다
be securely attached 단단하게 부착되다

> **출제 포인트**
> Part 7의 동의어 문제로 출제된다. '얻어내다'라는 의미로 쓰였을 때
> obtain으로 바꿔쓸 수 있다.
> **secure[obtain]** permission 허가를 얻다

---

551 ★★

☐
☐ **consult**
☐ [컨썰(트)]

consultant 몡 자문 위원
consultation 몡 상담; 협의

동 참고하다, 찾아보다; 상담[상의]하다

주가 정보를 원하시면 회사 웹 사이트를 **consult**하세요.
For information on stock prices, please **consult** the company's
Web site.

기출표현 consult (with) ~와 상의하다
a brief consultation 간략한 협의

---

552 ★★

☐
☐ **investment**
☐ [인붸스트먼(트)]

⁴⁰² invest 동 투자하다
investor 몡 투자자

몡 투자

KP 자동차는 설비에 천만 달러의 **investment**를 했다.
KP Autos made a $10 million **investment** in equipment.

기출표현 make an investment in ~에 투자를 하다

553 ★★
□□□
impact
[임팩ㅌ]

[명] (강력한) 영향, 충격

175
[유] influence
영향(력); 영향을 미치다

정부 정책의 변화가 금리에 **impact**를 주었다.
The change in government policies had an **impact** on interest rates.

[기출표현] have an impact on ~에 영향을 주다
a significant[substantial] impact 중대한[상당한] 영향

554 ★★
□□□
occur
[어커-ㄹ]

[동] 발생하다, 일어나다

occurrence [명] 사건

[유] happen 발생하다

수익성 없는 투자의 결과로 사업 실패가 **occur**했다.
The business failure **occurred** as a result of the unprofitable investments.

[기출표현] delays occur 지연이 발생하다

555 ★★
□□□
approximately
[어프뤅-씨머(틀)리]

[부] 대략, 거의 (정확하게)

approximate [형] 대략의

[유] about 약, 대략

에머리 스톤 사는 지난해에 수출로 **approximately** 3억 달러를 벌었다.
Emery Stone made **approximately** $300 million in exports last year.

출제 포인트
approximately는 주로 금액, 시간, 거리 등의 수량 표현을 꾸며주는 부사 자리 문제로 출제된다.
take **approximately** two hours 대략 두 시간이 걸리다

556 ★★
□□□
figure
미 [삐규어ㄹ]
영 [삐거]

[명] 수치, 숫자; 인물
[동] 생각[판단]하다

자동차 산업은 지난달에 인상적인 매출 **figures**를 발표했다.
The automotive industry reported impressive sales **figures** last month.

[기출표현] a leading figure 주요 인물, 거물
figure out 이해하다, 알아내다

557 ★★
☐ **generally**
☐
☐ [줴너뤌리]

(부) 일반적으로, 대개

general (형) 일반적인; 총-
342
(유) usually 보통, 대개

사업체들은 **generally**하게 분기마다 세금 신고서를 제출한다.
Businesses **generally** file a tax report every quarter.

기출표현 be generally accurate 대개 정확하다
the general manager 총책임자

558 ★★
☐ **economic**
☐
☐ [이커너-믹]

(형) 경제의; 재정상의

economy (명) 경제; 경기
economics (명) 경제학
economical (형) 경제적인

새 공장이 그 도시의 **economic**한 성장에 기여할 것이다.
The new factory will contribute to the town's **economic** growth.

출제 포인트
economic vs. economical
형태상 혼동되는 어휘 economic과 economical(경제적인)의 의미
차이를 구별하여 문맥에 적합한 어휘를 고르는 문제가 출제된다.
(**economic**/economical) growth 경제 성장
Taking the bus is more (economic/**economical**).
버스를 타는 것이 더 경제적이다.

559 ★
☐ **attribute**
☐ [어트리뷰-(트)]
☐ [애트리뷰-(트)]

(동) (~을 …의) 결과로[덕분으로] 보다
(명) 자질, 속성

그들은 그 산업의 성공을 높은 소비자 수요에 **attribute**했다.
They **attributed** the industry's success to high consumer demand.

기출표현 attribute A to B A를 B의 결과로 보다

560 ★★
☐ **largely**
☐
☐ [라-ㄹ쥘리]

(부) 주로, 대체로; 크게

large (형) 큰, 많은

(유) mainly 주로, 대개
(유) mostly 대개

지방 정부는 세금에 **largely**하게 의존하여 공공 서비스를
제공한다.
Local governments rely **largely** on taxes to provide public services.

기출표현 consist largely of 주로 ~으로 구성되다

561 ★★
□ **rapid**
□
□ [래피(드)]

[형] 급속한, 빠른

rapidly [부] 빨리, 신속하게

[유] quick 빠른

대출 조건의 **rapid**한 변화는 문제가 될 수 있다.
The **rapid** changes in the loan terms can be a problem.

출제 포인트
〈형용사+명사〉 콜로케이션에서 형용사 어휘를 묻는 문제로 출제된다. 함께 어울려 쓰이는 pace(속도), growth(성장), change(변화) 등의 명사들과 함께 한 단어처럼 암기하자.
at a **rapid** pace 빠른 속도로
show **rapid** growth 빠른 성장을 보이다

562 ★★
□ **substantial**
□
□ [썹스땐셜]

[형] 상당한

substantially [부] 상당히

[유] considerable 상당한, 많은

정부 지출이 그 사업에 **substantial**한 영향을 미쳤다.
Government spending had a **substantial** effect on the business.

[기출표현] substantial interest in ~에 대한 상당한 관심
rise[grow] substantially 상당히 증가하다

563 ★★
□ **steady**
□
□ [스떼디]

[형] 꾸준한, 안정적인

steadily [부] 꾸준하게

[유] stable 안정적인 (569)

수출액은 몇 년간 **steady**한 증가를 보였다.
The amount of exports has seen a **steady** increase over the years.

[기출표현] maintain steady sales 꾸준한 매출을 유지하다
increase[decrease] steadily 꾸준히 증가[감소]하다

564 ★
□
□ **face**
□ [뻬이스]

(동) 직면하다; 향하다
(명) 얼굴

이 지역은 중대한 경제 문제를 **face**하고 있다.
This region is **facing** major economic issues.

기출표현 face a challenge 도전에 직면하다
face a fine 벌금형에 처하다
face off against ~와 대결하다

565 ★
□
□ **widely**
□ [와이들리]

wide (형) 넓은
widen (동) 넓어지다

(부) 널리; 대단히

신용 카드는 유럽 전역에서 **widely**하게 받아들여진다.
Credit cards are **widely** accepted across Europe.

기출표현 a widely recognized[known] person
널리 인정받는[알려진] 사람

566 ★
□
□ **substitute**
□ [썹스띠튜-(트)]

336
(유) replace 대신하다

(명) 대신하는 것[사람], 대체물
(동) 대신[대체]하다

정부는 현재의 세금 제도에 대한 **substitute**를 필요로 한다.
The government needs a **substitute** for the current tax system.

기출표현 a substitute item 대체품
substitute A for B A로 B를 대신하다

567 ★
□
□ **dramatically**
□ [드뤄매디컬리]

dramatic (형) 극적인
(유) drastically 급격하게

(부) 극적으로

재고 부족으로 인해 가격이 **dramatically**하게 상승했다.
Prices increased **dramatically** because of an inventory shortage.

기출표현 be dramatically higher 극적으로 더 높다

568 ★
surprisingly
[써ㄹ프롸이징리]

[부] 놀랄 만큼; 대단히

surprise [동] 놀라게 하다
surprising [형] 놀라운
surprised [형] 놀란

경쟁에도 불구하고 국내 자동차 시장은 **surprisingly** 강세이다.
Despite competition, the domestic car market is **surprisingly** strong.

출제 포인트
surprisingly vs. surprising
수식하는 대상에 따라 알맞은 품사를 고르는 자리 문제로 출제된다.
in a (**surprisingly**/~~surprising~~) short time (부사: 형용사 수식)
놀랄 만큼 짧은 시간 내에
a (~~surprisingly~~/**surprising**) offer (형용사: 명사 수식)
놀라운 제안

569 ★
stable
[스떼이블]

[형] 안정된, 안정적인

stability [명] 안정(성)
[유] steady 안정적인 (563)

그 회사의 이익은 **stable**하게 유지될 것으로 예상된다.
The company's profits are expected to remain **stable**.

[기출표현] a stable business[relationship] 안정적인 사업[관계]
ensure stability of ~의 안정성을 보장하다

570 ★★
decrease
[디-크리-스]

[동] 감소하다; 줄이다
[명] 감소, 하락

[유] decline 감소하다; 감소 (095)
[반] increase 증가하다; 증가

어려운 경제 상황에서는 사치품에 대한 수요가 **decrease**한다.
The demand for luxury items **decreases** in difficult economic conditions.

[기출표현] decrease expenditures 지출을 줄이다
a decrease in ~의 감소

Part 3 & 4

교통·일기 필수 어휘

교통·일기와 관련된 대화 및 담화에 빈출되는 아래 어휘와 예문을 들어보세요.

■ **update** 갱신[업데이트]하다; 갱신

Here's the **updated** bus schedule.
업데이트된 버스 시간표가 여기 있어요.

■ **miss** 놓치다

I just **missed** my flight to Angus.
저는 방금 앵거스로 가는 제 항공편을 놓쳤어요.

■ **definitely** 분명히

It is **definitely** going to rain.
분명히 비가 내릴 거예요.

■ **commute** 통근하다; 통근

I **commute** to work by bus.
저는 버스로 직장에 통근합니다.

■ **especially** 특히

Last winter was **especially** cold.
지난겨울은 특히 추웠어요.

■ **appreciate** 감사하다

We **appreciate** your flying with us.
저희 항공을 이용해주셔서 감사합니다.

■ **technical** 기술의, 기술적인

The **technical** department will inspect the train.
기술 부서가 열차를 점검할 것입니다.

■ **mistake** 실수, 오류; 실수하다

We need to correct a **mistake** on the weather forecast.
우리는 기상 예보의 오류를 바로잡아야 합니다.

■ **regular** 보통의; 규칙적인

They announced the **regular** rate for shipping.
그들이 배송에 대한 정규 요금을 발표했습니다.

■ **transportation** 교통수단; 수송

The city wants to encourage people to use public **transportation**.
시에서는 사람들에게 대중교통 이용을 장려하고 싶어 합니다.

■ **alternative** 대안이 되는; 대안

You'd better take an **alternative** route to Saint Avenue.
세인트 가까지 우회 도로를 타는 게 좋을 거예요.

■ **cancel** 취소하다

The train has been **canceled** because of technical issues.
기술적인 문제 때문에 그 열차편이 취소되었습니다.

Check Up!

A 다음 영어 단어와 알맞은 뜻을 바르게 연결해보세요.

01 industry •   • ⓐ 산업, 공업

02 consult •   • ⓑ 감소하다; 감소

03 period •   • ⓒ 경제의; 재정상의

04 economic •   • ⓓ 기간, 시기

05 decrease •   • ⓔ 참고하다; 상담하다

B 문맥에 맞는 어휘를 골라 빈칸을 채우세요.

06 고객들은 하락하는 주가에 대해 _____을 표했다.

07 정부 정책의 변화가 금리에 _____를 주었다.

08 수출액은 몇 년간 _____한 증가를 보였다.

09 기업들은 은행으로부터 자금을 _____할 수 있다.

> ⓐ impact   ⓑ secure   ⓒ concern   ⓓ occur   ⓔ steady

C 빈칸에 들어갈 알맞은 어휘를 고르세요.

10 The solar panel industry will probably experience ------- growth next year.
  ⓐ current   ⓑ rapid

11 Supporting a completely new company could be a risky -------.
  ⓐ investment   ⓑ figure

12 The fees for sending money to an overseas bank are ------- high.
  ⓐ surprisingly   ⓑ surprising

01 ⓐ 02 ⓔ 03 ⓓ 04 ⓒ 05 ⓑ 06 ⓒ 07 ⓐ 08 ⓔ 09 ⓑ 10 ⓑ 11 ⓐ 12 ⓐ

어제 어휘 확인하기

● 어제 학습한 어휘를 얼마나 기억하고 있는지 확인하세요.

경제 · 경기

- decrease
- steady
- figure
- period
- industry
- generally
- face
- remain
- surprisingly
- substantial
- consult
- current
- secure
- approximately
- rapid

- dramatically
- likely
- occur
- concern
- widely
- economic
- stable
- retail
- impact
- predict
- largely
- substitute
- investment
- nearly
- attribute

암기한 어휘 개수 _____ / 30

일상생활

● 오늘 학습할 어휘를 그림과 함께 살펴볼까요?

account
계좌, 계정

issue
발행[발급]하다

recommend
추천[권장]하다

statement
명세서

exhibition
전시(회)

loan
대출(금)

amount
양; 총액

proceed
향하다

crowded
붐비는

verify
확인하다

critical
중대한, 결정적인

duration
기간; 지속

571 ★★★
☐
☐ **account**
☐ [어카운(트)]

명 계좌, 계정; 설명
동 간주하다, 여기다

accounting 명 회계 (업무)
accountant 명 회계사
accountable 형 책임이 있는

월리 은행에서 **account**를 개설하려면 고객은 신분증이 필요하다.
Customers need identification to open an **account** at Worley Bank.

기출표현 open[close] an account 계좌를 개설[해지]하다
take into account ~을 고려하다
account for (특정 부분·비율 등)을 차지하다
be accountable to ~에게 (설명할) 책임이 있다

572 ★★★
☐
☐ **despite**
☐ [디스빠이(트)]

전 ~에도 불구하고

유 in spite of ~에도 불구하고
유 notwithstanding
~에도 불구하고

불편한 위치에도 **despite**하고, 많은 사람들이 이 체육관에 간다.
Despite the inconvenient location, many people visit this gym.

출제 포인트
despite vs. although
의미상 유사한 전치사 despite와 접속사 although(~에도 불구하고)
의 차이를 구별하여 알맞은 어휘를 고르는 문제가 출제된다. 전치사
despite 뒤에는 명사(구)가 오지만, 접속사 although 뒤에는 〈주어+
동사〉가 갖추어진 절이 온다.
(**Despite**/~~Although~~) the high price, tickets are sold out.
높은 가격에도 불구하고, 입장권이 매진이다.
(~~Despite~~/**Although**) the price is high, tickets are sold out.
가격이 높음에도 불구하고, 입장권이 매진이다.

573 ★★★
☐
☐ **instruction**
☐ [인스뜨뤡션]

명 설명(서); 지시

instruct 동 지시하다, 가르치다
instructor 명 강사

유 direction 지시; 방향

믹서기 사용 전에 **instructions**를 주의 깊게 읽어주세요.
Please read the **instructions** carefully before using the blender.

기출표현 read the instructions 설명서를 읽다
instructions on ~에 대한 설명[지침]
be instructed to *do* ~하도록 지시받다

242

574 ★★★
□
□ **due**
□ [듀-]

⊗ ~하기로 되어 있는; 지불[반납] 기일이 되는; ~ 때문에

다음 버스가 5분 후에 도착하기로 **due**되어있다.
The next bus is **due** to arrive in five minutes.

기출표현 be due to *do* ~하기로 되어있다
be due by ~까지 마감이다
due to ~ 때문에

575 ★★★
□
□ **issue**
□ [잇슈-]

⊗ 발행[발급]하다; 발표하다
⊗ 문제, 쟁점; (정기 간행물의) 호

정부가 모든 대규모 건설 프로젝트에 대한 건축 허가증을
issue한다.
The government **issues** building permits for all major construction
projects.

기출표현 issue a summary 요약본을 발행하다
address an issue 문제를 다루다
the latest issue of a magazine 잡지의 최신 호

576 ★★
□
□ **bill**
□ [빌]

⊗ (요금) 청구서; 법안

billing ⊗ 청구서 발부

우리의 전기 요금 **bill**은 항상 겨울에 더 높다.
Our electricity **bill** is always higher in the winter.

기출표현 reduce utility bills 공공요금을 줄이다
approve a bill 법안을 승인하다
a billing error 청구서상의 오류

577 ★★★
□
□ **recommend**
□ [뤠커멘(드)]

⊗ 추천[권장]하다

229 recommendation ⊗ 추천(서)

오자마 씨는 장거리 여행에 웨스턴 철도를 **recommend**한다.
Ms. Ozama **recommends** Western Railways for long trips.

기출표현 recommend A for[to] B A를 B에[B에게] 추천하다
be highly[strongly] recommended 강력하게 추천되다

578 ★★

□□□ **statement** [스떼이(트)먼(트)]

[명] 명세서, (입출금) 내역서; 성명, 진술서

state [동] 진술하다

[유] announcement 발표, 공지

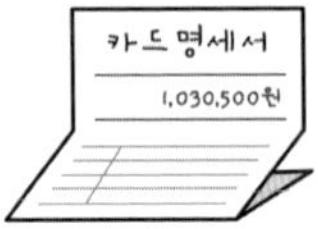

신용 카드 **statement**에는 당월 청구 금액이 모두 나열된다.
The credit card **statement** lists all of the month's charges.

[기출표현] prepare a financial statement 재무제표를 준비하다
issue a press statement 언론 성명을 발표하다

579 ★★

□□□ **condition** [컨디션]

[명] 상태, 환경; 조건

conditional [형] 조건부의

[유] term(072) 조항, 조건

운전자들은 얼어붙은 도로 **condition**에서는 속도를 줄여야 한다.
Drivers should slow down under icy road **conditions**.

[기출표현] weather conditions 기상 상태
terms and conditions 계약 조건, 약관

580 ★★

□□□ **exhibition** [엑씨비션]

[명] 전시(회)

exhibit [동] 전시하다
[명] 전시회

그 **exhibition**은 한 유명 화가의 그림들을 보여주고 있다.
The **exhibition** features paintings from a famous artist.

[기출표현] an exhibition venue 전시회 장소
exhibit a collection 수집품을 전시하다

581 ★★

□□□ **adjustment** [업줘스(트)먼(트)]

[명] 조정, 수정; 적응

adjust [동] 조정하다; 적응하다
adjustable [형] 조절 가능한

그 도시는 연휴 동안 지하철 시간표에 **adjustment**를 했다.
The city made **adjustments** to the subway schedule during the holidays.

[기출표현] make an adjustment to ~을 조정[수정]하다
adjust a price 가격을 조정하다
adjust to a new environment 새로운 환경에 적응하다

582 ★★★
□
□ **completely**
□ [컴플릿-리]

㉿ 완전히, 전적으로

³⁰² complete ㉿ 완료된
　　　　　 ㉿ 완료하다

㊌ totally 완전히

메릴 씨는 그 전시회에 **completely**하게 만족했다.
Mr. Merrill was **completely** satisfied with the exhibition.

출제 포인트
completely vs. complete
문장 내 역할에 따라 알맞은 품사를 고르는 문제로 출제된다.
be (**completely**/~~complete~~) full (부사: 형용사 수식) 완전히 꽉 차다
The repairs were (~~completely~~/**complete**). (형용사: 보어 역할)
수리가 완료되었다.
---

583 ★★
□
□ **ability**
□ [어빌러티]

㊂ 능력, 할 수 있음; 자질, 역량

able ㉿ 할 수 있는

㊌ capability 능력, 역량

그 웹 사이트는 승객들에게 버스 시간표를 확인할 **ability**를 준다.
The Web site gives passengers the **ability** to check bus schedules.

기출표현 an ability to *do* ~하는 능력
　　　　 be able to *do* ~할 수 있다

584 ★★
□
□ **clear**
□ [클리어ㄹ]

㉿ 알아듣기[알아보기] 쉬운; 확실한
㉿ 치우다

clearance ㊂ 처분, 처리
³⁴¹ clearly ㉿ 분명히

그 음식을 조리하기 위한 **clear**한 설명이 포장지에 나와있다.
Clear instructions for cooking the food are on the package.

기출표현 make it clear that절 ~라는 것을 확실히 하다
　　　　 a clearance sale 재고 정리 세일

585 ★
□
□ **loan**
□ [로운]

㊂ 대출(금)

㊌ mortgage 대출(금)

버크 씨는 집을 수리하려고 **loan**을 신청했다.
Ms. Burke applied for a **loan** to make home repairs.

기출표현 apply for a loan 대출을 신청하다
　　　　 a loan application 대출 신청서

586 ★★
□
□ **amount**
□ [어마운(트)]

㉤ sum 합계, 총액

명 양; 총액
동 총계가 ~에 이르다

시 공무원들은 교통 신호의 **amount**를 늘리기를 원한다.
City officials want to increase the **amount** of traffic signals.

기출표현 for a limited[considerable] amount of time
한정된[상당한] 시간 동안
the amount of revenue 수입 총액

---

587 ★
□
□ **eliminate**
□ [일**리**미네이(트)]

349
㉤ remove 제거하다, 치우다

동 없애다, 제거[삭제]하다

신용 카드가 현금에 대한 필요성을 거의 **eliminate**했다.
Credit cards have nearly **eliminated** the need for cash.

기출표현 eliminate waste[viruses] 쓰레기[바이러스]를 제거하다

---

588 ★★
□
□ **proceed**
□ [프로우**씨**-(드)]

272 process 명 절차 동 처리하다
463 procedure 명 절차, 순서

동 향하다, 나아가다; 진행하다
명 수익금

입원하시려면 간호사실로 **proceed**해주세요.
Please **proceed** to the nurses' station to check in.

기출표현 proceed to ~로 나아가다[향하다]
proceeds from the sale 판매 수익금

---

589 ★★
□
□ **admission**
□ [언미션]

416 admit 동 들어가게 하다; 인정하다

명 입장 (허가), 입장료

매주 월요일에 프리크 박물관의 **admission**은 무료이다.
Admission to the Frick Museum is free every Monday.

기출표현 free admission to an event 행사에의 무료 입장
an admission fee[ticket] 입장료[입장권]

590 ★
crowded
[크롸우디(드)]

[형] 붐비는, 복잡한

crowd [동] 붐비다
[명] 사람들, 군중

지하철은 아침에 항상 **crowded**하다.
The subway is always **crowded** in the morning.

출제 포인트
crowded vs. crowd
문장 내 역할에 따라 알맞은 품사를 고르는 자리 문제로 출제된다.
The bus is (**crowded**/~~crowd~~) with people. (형용사: 보어 역할)
버스가 사람들로 붐빈다.
handle the (~~crowded~~/**crowd**) (명사: 목적어 역할)
군중을 통제하다

591 ★
owe
[오우]

[동] 빚지고 있다; ~ 덕분이다

owing to [전] ~ 때문에

존슨 씨는 미드베일 은행에 기업 대출로 1만 달러를 **owe**하고 있다.
Mr. Johnson **owes** Midvale Bank $10,000 for a business loan.

[기출표현] owe A B A에게 B를 빚지다

592 ★
rarely
[뤠워ㄹ리]

[부] 드물게, 거의[좀처럼] ~하지 않는

rare [형] 드문; 진귀한
[유] hardly 거의 ~ 않은 (088)
[유] seldom 좀처럼 ~ 않는
[반] frequently 자주, 빈번히

안타깝게도 사람들은 그 공원의 테니스장을 **rarely**하게 이용한다.
Unfortunately, people **rarely** use the park's tennis courts.

[기출표현] rarely use protective gear 보호구를 거의 사용하지 않다
be rarely simple 좀처럼 간단하지 않다

593 ★
initiate
[이니쉬에이(트)]

[동] 시작하다, 착수하다

468 initiative [명] 방안, 계획
381 initial [형] 처음의, 최초의
[유] launch 시작하다 (382)

그 프로그램을 **initiate**하려면 '파일 실행'을 클릭하세요.
Click on "Run File" to **initiate** the program.

[기출표현] initiate a service request 서비스 요청을 시작하다

594 ★

□ **verify**
□
□ [붸리쫘이]

[동] (사실·진술 등을) 확인하다, 입증하다

verification [명] 확인, 입증

차장이 각 승객의 승차권을 **verify**할 것이다.
The train manager will **verify** each passenger's ticket.

[기출표현] verify the information 정보를 확인하다
official verification 공식 확인

595 ★

□ **coverage**
□
□ [커붜뤼쥐]

[명] (보험의) 보장 (범위); (방송·신문 등의) 보도

162 cover
[동] (비용을) 대다; 다루다; 덮다

이 자동차 보험은 모든 수리에 대한 **coverage**를 제공한다.
This car insurance provides **coverage** for all repairs.

[기출표현] offer[provide] coverage 보장을 제공하다
press coverage 언론 보도
front-page coverage 1면 보도

596 ★

□ **critical**
□
□ [크뤼티클]

[형] 중대한, 결정적인; 비판적인

critic [명] 비평가, 평론가
critically
[부] 비평적으로; 결정적으로

연례 모금 행사는 그 자선 단체의 성공에 **critical**하다.
The annual fundraiser is **critical** to the charity's success.

[기출표현] a critical position 중요한 자리
it is critical that절 ~라는 것이 중요하다
an art critic 미술 평론가
critically acclaimed 비평가들의 극찬을 받은

출제 포인트
Part 7의 동의어 문제로 출제된다. '중대한'의 의미로 쓰일 때 essential, important로 바꿔쓸 수 있다.
critical[essential, important] issues 중대한 쟁점

597 ★
☐☐☐ **continually** [컨티뉴얼리]

[부] 계속해서, 되풀이해서

continue [동] 계속되다
continuous [형] 계속적인

[유] repeatedly 되풀이하여

앨런 미용실은 서비스를 **continually**하게 개선하려고 노력한다.
Allen's Hair Salon works to **continually** improve its services.

[기출표현] continue to *do* 계속 ~하다
continuous complaints 계속되는 불평

598 ★
☐☐☐ **duration** [두뤠이션]

[명] 기간; 지속

during [전] ~ 동안
[유] period 기간 (548)

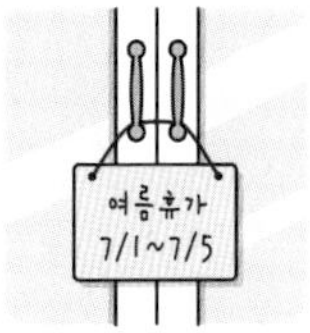

밸러드 가는 퍼레이드 **duration** 동안 폐쇄되었다.
Ballard Street was closed for the **duration** of the parade.

[기출표현] the duration of the road construction 도로 공사 기간
during the conference 학회 동안

599 ★
☐☐☐ **gradually** [그래쥬얼리]

[부] 점차적으로, 서서히

gradual [형] 점진적인

[반] suddenly 갑자기

시에서 낡은 공원 벤치들을 새것으로 **gradually**하게 교체했다.
The city **gradually** replaced old park benches with new ones.

[기출표현] dim gradually 서서히 어두워지다

600 ★
☐☐☐ **specify** [스뻬시빠이]

[동] (구체적으로) 명시하다

specification [명] 설명서; 사양
056 specific [형] 구체적인; 특정한
[명] 세부 사항

건설업자는 공사 날짜를 미리 **specify**해야 한다.
Contractors must **specify** the dates for the construction in advance.

[기출표현] at a specified time[price] 명시된 시각[가격]에
check product specifications 제품 사양을 확인하다

Part 3 & 4

일상생활 필수 어휘

일상생활과 관련된 대화 및 담화에서 빈출되는 아래 어휘와 예문을 들어보세요.

■ **expect** 예상[기대]하다

The road work is **expected** to be completed by tomorrow.
도로 공사는 내일까지 완료될 것으로 예상됩니다.

■ **look forward to** *doing*
~하기를 고대하다

I'm **looking forward to** seeing the show.
저는 그 쇼를 보기를 고대하고 있어요.

■ **property** 건물, 부동산; 재산

I am interested in **property** in the downtown area.
저는 시내에 있는 그 건물에 관심이 있습니다.

■ **apparently** 보아하니

Apparently, the street will be crowded this weekend.
보아하니 이번 주말에 그 거리가 붐빌 것 같아요.

■ **perform** 공연하다; 수행하다

NIT Band is here to **perform** at our festival.
NIT 밴드가 우리 축제에서 공연하기 위해 여기에 왔습니다.

■ **disappointed** 실망한, 낙담한

I'm **disappointed** with the cancellation of the football match.
저는 그 축구 경기가 취소되어서 실망했습니다.

■ **exercise** 운동; 운동하다

I signed up for an **exercise** program.
저는 운동 프로그램에 등록했어요.

■ **rent** 대여; 대여하다

Is this hall available for **rent**?
이 강당은 대여 가능한가요?

■ **community** 지역 주민, 지역 사회

The **community** center held the annual event.
그 주민 센터에서 연례 행사를 개최했어요.

■ **happen** 일어나다, 생기다

The music performance will **happen** tomorrow night.
그 음악 공연이 내일 밤에 열릴 것입니다.

■ **volunteer** 자원하다; 자원봉사자

I **volunteered** to help organize the event.
제가 행사 준비를 돕는 일에 자원했습니다.

■ **vote** 투표하다; 투표, 표

You can **vote** for your favorite exhibit.
가장 마음에 드는 전시에 투표해주세요.

Check Up!

A 다음 영어 단어와 알맞은 뜻을 바르게 연결해보세요.

01 owe •   • ⓐ ~하기로 되어 있는

02 due •   • ⓑ 추천[권장]하다

03 eliminate •   • ⓒ 빚지고 있다

04 adjustment •   • ⓓ 없애다, 제거하다

05 recommend •   • ⓔ 조정, 수정

B 문맥에 맞는 어휘를 골라 빈칸을 채우세요.

06 차장이 각 승객의 승차권을 _____ 할 것이다.

07 신용 카드 _____ 에는 당월 청구 금액이 모두 나열된다.

08 입원하시려면 간호사실로 _____ 해주세요.

09 연례 모금 행사는 그 자선 단체의 성공에 _____ 하다.

| ⓐ proceed | ⓑ statement | ⓒ loan | ⓓ verify | ⓔ critical |

C 빈칸에 들어갈 알맞은 어휘를 고르세요.

10 ------- the cold weather, the park was crowded with visitors.
　ⓐ Despite　　　　　　　　　　　ⓑ Although

11 The reasons for rejecting Ms. Walsh's loan application are not entirely
　-------.
　ⓐ clearly　　　　　　　　　　　ⓑ clear

12 Passengers waited for a considerable ------- of time for the next bus.
　ⓐ amount　　　　　　　　　　　ⓑ account

ⓐ 21 ⓑ 11 ⓐ 01 ⓔ 60 ⓓ 80 ⓑ 70 ⓓ 90 ⓑ 50 ⓔ 40 ⓓ 80 ⓐ 20 ⓒ 10

01 Employee satisfaction with the new bonus policy is ------- high.

(A) gradually
(B) critically
(C) considerably
(D) conveniently

04 The landlord is ------- to raise the apartment's rental fees next month.

(A) rapid
(B) costly
(C) diverse
(D) likely

02 The Hampton Office Complex is easily ------- by public transportation.

(A) generous
(B) accessible
(C) various
(D) significant

05 Labor costs will increase by ------- two and a half percent next year.

(A) approximately
(B) approximated
(C) approximate
(D) approximation

03 The United States announced new ------- on foreign fruits and vegetables.

(A) receipts
(B) organizations
(C) regulations
(D) environments

06 Helsinki Mart has ------ good relationships with the local suppliers to get quality produce.

(A) established
(B) commuted
(C) reflected
(D) verified

07 ------- all department managers support the change to a flexible work schedule.

(A) Nearly
(B) Continually
(C) Otherwise
(D) Widely

08 Healthcare costs ------- a large part of the national budget each year.

(A) announce
(B) occupy
(C) rely
(D) initiate

09 Many residents walk to the library because of its ------- to their apartment building.

(A) view
(B) condition
(C) period
(D) proximity

10 To improve cooperation, the branch manager ------- weekly meetings with team members.

(A) consults
(B) anticipates
(C) acquires
(D) recommends

11 Last Saturday, local volunteers cleaned up the ------- lot on Norris Avenue.

(A) stable
(B) annual
(C) vacant
(D) economic

12 The interior of the house looked ------- different after the remodeling project.

(A) to complete
(B) complete
(C) completely
(D) completed

해석 및 해설

- **Check Up!** 해석

- **Review Test** 정답 및 해석/해설

Check Up! 해석

DAY 01
10 올해 지원자의 수는 <u>지난해</u>의 총합보다 더 많았다.
11 호프먼 씨는 뭄바이 사무실에서 면접관과 <u>만날</u> 것이다.
12 채용 위원회는 브록 씨의 <u>인상적인</u> 이력서에 만족했다.

DAY 02
10 그 이사가 임원들에게 분기 매출에 관해 <u>발표</u>를 할 것이다.
11 그 관리자는 설명 없이 회의를 금요일로 <u>미뤘다</u>.
12 펠릭스 디자인 사는 창의적인 그래픽의 최고 제공업체라는 <u>명성</u>을 얻었다.

DAY 03
10 월리스 씨는 YJ 자동차와의 계약<u>에 관한</u> 자신의 우려를 의논하고 싶어 한다.
11 그 회사의 변호사는 문제가 있는지 확인하려고 서류를 <u>주의 깊게</u> 검토할 것이다.
12 서류에 서명하기 전에 계약서 <u>조항</u>을 꼭 읽어 보세요.

DAY 04
10 유티카 브레드 사는 더 많은 고객을 <u>끌어모으기</u> 위해 텔레비전 광고를 하고 있다.
11 우리는 우리 회사의 새 로고를 <u>만들어야</u> 합니다.
12 카버 금융사는 고객들이 <u>수익성 있는</u> 투자를 하도록 도와준다.

DAY 05
10 새로 고용된 세무사는 그 팀에 <u>귀중한</u> 자산이 될 것이다.
11 예이츠 씨는 그 팀장 자리에 <u>적합하다</u>.
12 신입 사원 오리엔테이션을 위해 좌석을 <u>일찍</u> 예약할 필요가 없다.

DAY 06
10 코넬 사는 직원 복지 측면에서 기대를 <u>넘어선다</u>.
11 IT 팀은 전 직원에게 신속한 기술 <u>지원</u>을 제공한다.
12 직원들은 관리자에게 자신의 휴가일을 확인받도록 <u>요구된다</u>.

DAY 07
10 전국 출판 학술 대회는 일 년에 <u>한 번</u> 시애틀에서 열린다.
11 세르지오 루소 씨가 올해의 영업자상의 <u>수상자</u>였다.
12 피어스 씨의 퇴직 파티에 오는 손님들은 <u>탁월한</u> 음식들을 즐길 수 있다.

DAY 08　10　토요일 저녁 7시에 **이용 가능한** 테이블이 아직 몇 개 있습니다.

　　　　　　11　틴타겔 성은 영국 남서부의 인기 있는 관광지이다.

　　　　　　12　이번에는 귀하의 상환 요청을 **처리할 수 없습니다**.

DAY 09　10　하이드 씨는 그 서비스를 구독하는 데에 **관심**을 표했다.

　　　　　　11　기업 고객들은 도매가로 상품을 살 **자격이 있다**.

　　　　　　12　샘즈 캠핑용품은 침낭을 **알맞은** 가격에 판다.

DAY 10　10　창고 작업자들은 각 박스 윗면에 주소 라벨을 **붙인다**.

　　　　　　11　대량 주문은 두 대 이상의 **별도의** 트럭에 실려야 할 수도 있다.

　　　　　　12　깨지기 쉬운 물품에는 추가 포장재를 사용해서 손상을 **방지해**주세요.

DAY 11　10　쇼핑객들은 매장으로 물품을 **반품**하려면 고객 서비스 카운터를 이용해야 한다.

　　　　　　11　HT 인터넷 사는 그 지역에서 가장 **믿을 만한** 서비스 제공업체 중 하나이다.

　　　　　　12　전반적으로, 고객들은 프리모 소프트웨어 사의 기술 지원 전화 서비스에 **만족한다**.

DAY 12　10　이 물이 새는 파이프는 **분명히** 수리될 필요가 있다.

　　　　　　11　우리는 이 어려운 일을 처리할 **폭넓은** 경험이 있는 전기 기사가 필요하다.

　　　　　　12　그 회사가 나에게 지붕 교체 **견적서**를 보낼 것이다.

DAY 13　10　그 온라인 광고들은 제품을 홍보하기 위한 **성공적인** 방법이었다.

　　　　　　11　공장 작업자들은 생산 작업장에 적절한 **장비**를 가져와야 한다.

　　　　　　12　보통 고객 피드백 설문 조사가 정보의 **정확한** 출처가 된다.

DAY 14　10　이 계정이 당신에게 연구 데이터베이스에 전체 **접근 권한**을 줄 것입니다.

　　　　　　11　직원들은 사용자 설명서에 있는 지시 사항을 **쉽게** 이해할 수 있다.

　　　　　　12　시런 씨는 본사에서 **긴급한** 문제를 즉시 처리해야 한다.

DAY 15 10 산체스 씨가 직원들에게 설문 조사 결과를 **알려주기** 위해 보고서를 작성했다.

11 직원들은 회사 차를 빌리려면 미리 **허가**를 받아야 한다.

12 그 신규 소프트웨어를 통해 주문이 더 **효율적으로** 처리될 수 있다.

DAY 16 10 관리자가 모든 직원들의 휴가 기간의 증가를 **발표했다**.

11 나는 그 이메일을 **받자**마자 즉시 상사에게 연락했다.

12 킴블 씨는 각 부서의 예산을 점검하기 위한 위원회를 **설립했다**.

DAY 17 10 그 예술 축제는 예술 작품의 감상을 **촉진하기** 위해 매년 열린다.

11 퍼레이드 참가자의 수가 올해에는 **상당히** 더 많다.

12 버뱅크와 그 **주변** 지역의 주민들이 그 극장을 방문한다.

DAY 18 10 장 씨의 사무실은 엘리베이터와 계단 둘 다로 **접근 가능하다**.

11 윌몬트 백화점은 그 쇼핑몰에서 가장 큰 구역을 **사용한다**.

12 그 신설 지하철역은 중심가 근처에 **편리하게** 위치하고 있다.

DAY 19 10 태양 전지판 산업은 아마도 내년에 **급속한** 성장을 겪을 것이다.

11 완전히 신생인 회사를 후원하는 것은 위험한 **투자**일 수 있다.

12 해외 은행으로 송금하는 수수료는 **놀랄 만큼** 비싸다.

DAY 20 10 추운 날씨에도 **불구하고**, 공원은 방문객들로 붐볐다.

11 월시 씨의 대출 신청이 거부된 이유가 완전히 **확실한** 것은 아니다.

12 승객들은 다음 버스를 상당한 **양**의 시간 동안 기다렸다.

Review Test 정답 및 해석/해설

Review Test 1 DAY 01-05

01 홀트 씨는 그녀의 협상 기술 때문에 그 일자리에 **매우** 추천되었다.
(A) 주의 깊게 **(B) 매우** (C) 잠시 (D) 일찍
> 어휘 recommend 추천하다 negotiation 협상 skill 기술

02 노스웨스트 가구는 3/4분기 수익을 **늘리기** 위해 온라인 세일을 열었다.
(A) 좌우되다 **(B) 늘리다** (C) 허가하다 (D) 평가하다
> 어휘 hold 열다, 개최하다 profit 수익, 이익 quarter (사)분기

03 **관련** 서류를 인사팀 사무실에 8월 1일까지 제출해주세요.
(A) 수익성이 있는 (B) 확신하는 **(C) 관련 있는** (D) 귀중한
> 어휘 submit 제출하다 HR (=human resources) 인사팀

04 신규 고객은 가능한 한 **빨리** 서명된 계약서를 돌려보내야 합니다.
> 어휘 client 고객 return 돌려주다 contract 계약서
> 해설 선택지를 보니 빈칸에 알맞은 품사를 고르는 자리 문제이다. as ~ as possible(가능한 한 ~한[하게]) 사이에 들어갈 수 있는 것은 형용사나 부사의 원급이므로 원급 형용사 (B)와 부사 (C)가 정답 후보. 빈칸은 동사 return을 수식하고 있으므로 정답은 동사를 수식하는 부사 (C). (A)는 명사이고, (D)는 비교급 형용사라 오답.

05 심슨 씨는 광고에 들어간 정보를 **검토한** 다음에 그것을 신문사에 보낼 것이다.
(A) 검토하다 (B) 모집하다 (C) 선호하다 (D) 임명하다
> 어휘 information 정보 advertisement 광고

06 크루즈 의류 사의 겨울 코트 **수요**는 보통 휴가철 이후에 감소한다.
(A) 결정 (B) 성취 **(C) 수요** (D) 초점
> 어휘 usually 보통 drop 감소, 하락 holiday 연휴

07 웨첼 씨는 보도 자료에 몇 가지 오류가 있어서 **수정해야** 했다.
(A) 수정하다 (B) 채우다 (C) 나타내다 (D) 가입하다
> 어휘 press release 보도 자료 contain 담고 있다, 포함하다 several 몇몇의

08 직원들은 관리자의 승인이 있으면 일주일 이상의 휴가를 얻는 것이 **가능하다**.
(A) 뛰어난 (B) 자격이 있는 (C) 많이 아는 **(D) 가능한**
> 어휘 employee 직원 vacation 휴가 supervisor 관리자 approval 승인

09 2년의 경력이 클레멘트 주식회사의 영업직에 **요구되는 조건**이다.
(A) 지원자 (B) 승진 (C) (후보) 지명 **(D) 요건**
어휘 experience 경력, 경험 sales position 영업직

10 지원자들은 이력서를 채용 업체가 아니라 콜맨 제조사에 **바로** 보내야 합니다.
어휘 applicant 지원자 résumé 이력서 recruiter 채용 업체
해설 빈칸이 없어도 완전한 문장이므로 빈칸은 부사 자리이다. 따라서 정답은 (B).

11 벤슨 회계 사무소는 **최근에** 신규 데이터베이스를 구축할 시간제 IT 기술자를 고용했다.
(A) 특히 **(B) 최근에** (C) 대단히 (D) 지속적으로
어휘 hire 고용하다 technician 기술자 set up 구축하다, 설치하다

12 새 가전제품 공장이 노우드 주민들을 위한 일자리를 거의 100개 가까이 **창출할** 것이다.
(A) 창출하다 (B) 승인하다 (C) 바치다 (D) 상의하다
어휘 appliance (가정용) 기기 factory 공장 nearly 거의 resident 거주자, 주민

Review Test 2 DAY 06-10

| Answers | 01 (D) | 02 (A) | 03 (D) | 04 (C) | 05 (C) | 06 (A) |
| | 07 (B) | 08 (D) | 09 (B) | 10 (C) | 11 (B) | 12 (A) |

01 벌링턴 여관은 출장 여행객들에게 가장 좋은 호텔로 **여겨진다**.
(A) 수정하다 (B) 위치시키다 (C) 등록하다 **(D) 여기다**
어휘 business traveler 출장 여행객

02 패스트 항공사는 샌프란시스코로 가는 많은 항공편을 **알맞은** 가격에 제공한다.
어휘 a number of 많은 flight 항공편
해설 빈칸은 빈칸 뒤의 명사 prices를 수식하는 형용사 자리이다. 따라서 정답은 형용사인 (A). at affordable prices(알맞은 가격에)를 하나의 어구로 외워두자.

03 배송 조회 정보에 따르면 그 소포는 **현재** 분류 시설에 있습니다.
(A) 즉시 (B) 완전히 (C) 보통 **(D) 현재**
어휘 package 소포 sorting 구분, 분류 facility 시설

04 샌디아 씨는 믹서기에 **약간** 긁힌 자국이 있어서 할인을 받았다.

어휘 receive 받다 discount 할인 blender 믹서기 scratch 긁어서 흠집을 내다

해설 be동사와 과거분사 사이의 빈칸은 대표적인 부사 자리임을 기억하자. 따라서 정답은 부사인 (C).

05 멜로니 인터내셔널 사는 모든 직원들을 위해 **일련의** 오찬 강연을 주최할 것이다.

(A) 부족 (B) 수령인 **(C) 연속** (D) 방법

어휘 host 주최하다 lecture 강의

06 약간의 추가 요금 5.95달러로 급행 배송을 **이용할 수** 있습니다.

(A) 이용할 수 있는 (B) 최근의 (C) 탁월한 (D) 깨지기 쉬운

어휘 express shipping 급행 배송 additional 추가의 charge 요금

07 지점장으로서 받는 헨더슨 씨의 급여는 그녀의 예상을 **넘어섰다**.

(A) 보장하다 **(B) 넘다** (C) 연습하다 (D) 비교하다

어휘 salary 급여 branch manager 지점장 expectation 예상

08 저희 수공예 원목 가구를 보시려면, **그냥** 저희의 웹 사이트 www.meridithfurniture. com으로 방문해주세요.

(A) 상대적으로 (B) 정확히 (C) 따로 **(D) 그냥**

어휘 view 보다 hand-crafted 수공예의 wooden 나무로 된

09 에드가 주식회사는 정규직 직원들에게 매년 3주간의 유급 휴가를 **제공한다**.

(A) 요구하다 **(B) 제공하다** (C) 구입하다 (D) 얻다

어휘 paid vacation 유급 휴가 full-time 정규직의

10 부회장이 팀 **생산성**을 높이는 최상의 방법에 대한 교육 과정을 이끌었다.

어휘 vice president 부회장 training session 교육 과정 increase 높이다 productivity 생산성

해설 빈칸은 빈칸 앞의 명사 team과 복합 명사를 이루어 동사 increase의 목적어로 쓰이는 명사 자리이다. 따라서 정답은 명사인 (C). '팀 생산성'이란 의미의 team productivity를 한 단어처럼 외워두자.

11 신규 웹 사이트 덕분에 우리는 고객의 특별 요청을 쉽게 **처리할** 수 있다.

(A) 자격을 주다 **(B) 처리하다** (C) 첨부하다 (D) 영향을 미치다

어휘 allow 허락하다 request 요청, 요구 (사항)

12 경영팀은 많은 직원들이 **곧 있을** 리더십 워크숍에 등록하기를 바란다.

(A) 곧 있을 (B) 자격이 있는 (C) 다수의 (D) 열의가 넘치는

어휘 management 경영(진) register for ~에 등록하다

Review Test 3 DAY 11-15

01 그 스웨터가 맞지 않는 사이즈여서 칼슨 씨는 매장에 그것을 **반품했다**.
(A) 해결하다 **(B) 반품하다** (C) 상기시키다 (D) 교체하다
어휘 wrong 잘못된, 맞지 않는

02 추후 **공지**가 있을 때까지 타마요 타워의 서쪽 출입구는 폐쇄됩니다.
(A) 불평 **(B) 공지** (C) 교대 근무 (D) 해결책
어휘 entrance (출)입구 be closed 폐쇄되다

03 스탈라이트 통신사 고객들은 이제 전국 어디에서나 **안정적인** 서비스를 누릴 수 있다.
어휘 enjoy 누리다 reliable 안정적인 country 국가
해설 빈칸은 〈소유격＋형용사＋명사〉 구조에서 명사를 수식하는 형용사 자리이므로 형용사인 (A)가 정답.

04 에어컨 내부에 깨끗한 필터를 사용하면 에어컨이 더 **효율적으로** 작동합니다.
(A) 효율적으로 (B) 마침내 (C) 점점 더 (D) 전적으로
어휘 air conditioner 에어컨 run 작동하다 filter 필터

05 린 씨는 기술 분야의 스타트업 업체를 대상으로 하는 소규모 컨설팅 회사를 **운영한다**.
(A) 운영하다 (B) 출시하다 (C) 문의하다 (D) 얻다
어휘 consulting 컨설팅의, 자문의 technology 기술 field 분야

06 이 사용자명과 비밀번호가 당신에게 회사의 고객 데이터베이스에 대한 **접근 권한**을 부여할 것입니다.
(A) 기능 (B) 갱신 **(C) 접근 권한** (D) 부재
어휘 client 고객

07 박 씨는 각 기계의 특징에 대해 **폭넓은** 지식을 가지고 있다.
(A) 폭넓은 (B) 무료의 (C) 일시적인 (D) 긴급한
어휘 knowledge 지식 feature 특징 machinery 기계류

08 배럿 씨의 휴가 기간 동안에 와그너 씨가 지점장의 **책무**를 인계받을 것이다.
(A) 의견 (B) 묘사 (C) 차이(점) **(D) 책무**
어휘 take over ~을 인계받다 branch manager 지점장

09 사용자 경험을 **개선하기** 위해 파우스트 보험사의 웹 사이트는 재설계되었다.
(A) 밝혀내다   (B) 허용하다   **(C) 개선하다**   (D) 할당하다

user experience 사용자 경험

10 저희 직원들이 이메일로 문의에 **즉시** 응답하기 때문에 오래 기다리실 필요가 없습니다.
(A) 아주 많이   (B) 똑같이   **(C) 즉시**   (D) 긴밀하게

어휘 wait 기다리다 respond 응답하다

11 렘키 전자는 다양한 특색을 갖춘 **혁신적인** 가전 제품을 개발한다.

어휘 develop 개발하다 home appliance 가전 제품

해설 빈칸 뒤의 복합 명사 home appliances를 수식할 수 있는 형용사 (B)가 정답.

12 건물 관리인이 창문 수리 **견적서**를 재무 부서에 제출할 것이다.
(A) (규칙적인) 순서   (B) 시설   (C) 접근법   **(D) 견적서**

어휘 submit 제출하다 repair 수리

Review Test 4 DAY 16-20

Answers	01 (C)	02 (B)	03 (C)	04 (D)	05 (A)	06 (A)
	07 (A)	08 (B)	09 (D)	10 (D)	11 (C)	12 (C)

01 새로운 보너스 정책에 대한 직원 만족도는 **상당히** 높다.
(A) 점차적으로   (B) 비평적으로   **(C) 상당히**   (D) 편리하게

어휘 employee satisfaction 직원 만족도

02 햄튼 사무 단지는 대중교통으로 쉽게 **접근 가능**하다.
(A) 관대한   **(B) 접근 가능한**   (C) 다양한   (D) 상당한

어휘 complex (건물) 단지 easily 쉽게 public transportation 대중교통

03 미국은 외국산 과일과 채소에 관한 신규 **규정**을 발표했다.
(A) 영수증   (B) 조직   **(C) 규정**   (D) 환경

어휘 announce 발표하다 foreign 외국의 vegetable 채소

04 집주인이 다음 달에 아파트 임대료를 **올릴 것 같다**.
(A) 빠른   (B) 값비싼   (C) 다양한   **(D) 있을 것 같은**

어휘 landlord 집주인 raise 올리다 rental fees 임대료

05 인건비가 내년에 **대략** 2.5% 오를 것이다.

　어휘　labor costs 인건비　increase 올리다　approximately 대략

　해설　빈칸 없이도 문장이 완전하고 빈칸 뒤에 수량 표현이 오는 것으로 보아 빈칸은 수량 표현을 수식하는 부사 자리임을 알 수 있다. 따라서 정답은 (A).

06 헬싱키 마트는 질 좋은 농산물을 받기 위해 지역 공급자들과 좋은 관계를 **형성했다**.

　(A) 형성하다　(B) 통근하다　(C) 반영하다　(D) 확인하다

　어휘　relationship with ~와의 관계　supplier 공급자　quality 품질 좋은　produce 농산물

07 **거의** 모든 부서장들이 유연 근무 시간제로의 변경을 지지한다.

　(A) 거의　(B) 계속해서　(C) 다르게　(D) 널리

　어휘　support 지지하다　flexible 유연한

08 의료 비용이 매년 국가 예산의 많은 부분을 **차지한다**.

　(A) 발표하다　**(B) 차지하다**　(C) 의지하다　(D) 시작하다

　어휘　healthcare 의료　cost 비용　national 국가의　budget 예산

09 도서관이 아파트 건물에 **근접**해 있어서 많은 주민들이 도서관에 걸어간다.

　(A) 전망　(B) 상태　(C) 기간　**(D) 근접**

　어휘　resident 주민　library 도서관　because of ~ 때문에

10 협업을 향상시키기 위해, 지점장은 팀원들과의 주간 회의를 **권장한다**.

　(A) 참고하다　(B) 예상하다　(C) 획득하다　**(D) 권장하다**

　어휘　improve 개선하다　cooperation 협력　weekly 주간의

11 지난 토요일에 지역 자원봉사자들이 노리스 가의 **비어있는** 부지를 청소했다.

　(A) 안정된　(B) 연례의　**(C) 비어있는**　(D) 경제의

　어휘　local 지역의　volunteer 자원봉사자　lot 부지

12 리모델링 프로젝트 후에 그 집의 내부는 **완전히** 달라 보였다.

　어휘　interior 내부　remodeling 리모델링

　해설　빈칸이 없어도 완전한 문장이므로 빈칸은 부사 자리이다. 따라서 부사 (C)가 정답이다. 참고로 부사 completely는 빈칸 뒤 형용사 different를 수식하고 있다.

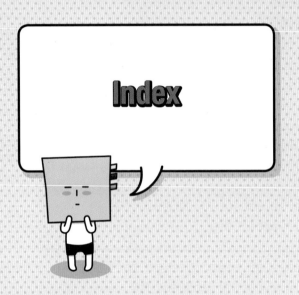

recent	107	require	70	series	86
recently	56	requirement	13	serve	57, 40
reception	84	research	158	session	85
recipient	87	reservation	96	set	96
recognize	59	resident	218	set up	16
recommend	243, 152	resolve	135	settle	26
recommendation	99	respected	175	several	156
record	195	respond	134	shake	16
recruit	13	responsibility	182	share	195
reduce	194, 226	responsible	46, 90	shelf	28
reference	12	restoration	149	shift	185, 164
reflect	200	restrict	213	ship	52
refund	108	result	44	shipment	123, 90
regarding	34	résumé	10	shop	28
registration	83	retail	232	shortage	125
regular	149, 238	retire	59	shortly	88
regulation	200, 226	retirement	126	sign	64
reimbursement	76	return	132	significant	208
reject	125	reveal	201	similar	168
relatively	76	revenue	200	simply	98
release	168, 164	review	33, 164	slightly	112
relevant	14	revise	36, 214	smoothly	175
reliable	138	reward	135, 188	solution	134
relocate	223	ride	52	specialize	14
rely	210	routine	149	specific	26
remain	230			specify	249
remarkable	63	**S**		spend	202
remind	173	safety	157, 64	sponsor	176
remove	148, 78	sale	44	spread	16
renew	37, 188	sample	125	stable	237
renewal	175	satisfied	138	stack	64
renovate	146	schedule	94, 152	stand	52
rent	250	search	60	standard	124
repair	144, 64	secure	232	statement	244
replace	145, 114	security	196	stationery	202
report	20, 126	seek	9	steady	235
represent	89	select	72	stock	121
representative	133	selection	113	storage	221
reputation	27	separate	124	strategy	51
request	107, 90	separately	77	submit	168, 126

지은이

NE능률 영어교육연구소

NE능률 영어교육연구소는 혁신적이며 효율적인 영어 교재를 개발하고
영어 학습의 질을 한 단계 높이고자 노력하는 NE능률의 연구 조직입니다.

토마토 토익 보카 600

펴 낸 이	주민홍
펴 낸 곳	서울특별시 마포구 월드컵북로 396(상암동) 누리꿈스퀘어 비즈니스타워 10층
	㈜NE능률 (우편번호 03925)
펴 낸 날	2019년 2월 26일 초판 제1쇄
	2019년 9월 27일 제3쇄
전 화	02 2014 7114
팩 스	02 3142 0356
홈페이지	www.tomatoclass.com
등록번호	제1-68호
I S B N	979-11-253-2725-7
정 가	11,000원

NE 능
률

고객센터

교재 내용 문의: www.tomatoclass.com → 토마토교재 → 교재 Q&A
제품 구매, 교환, 불량, 반품 문의: 02-2014-7114
☎ 전화문의는 본사 업무 시간 중에만 가능합니다.

대학생이니까 한 번에!
토마토 토익
www.tomatoclass.com

'토익 고득점, 기초 실력 완성이 진짜 단기비법'

토마토 토익
기초 실력 완성 핵심 비법!

요즘 토익은 원리를 묻는 문제들이 다수 출제되어 기초 실력이 없는
상태에서의 스킬과 적중률은 아무런 의미가 없어졌습니다.
스킬만으로는 절대 풀 수 없기에 기초 실력이 더욱 중요해진 이 시점!
토마토 토익이 여러분의 기초 실력 제대로 책임지겠습니다.

개인별 눈높이에 맞는 강의

토마토 토익 수강생 15만 명의 데이터 분석!
다양한 학생들의 시작점을 파악하여 개인별
맞춤 눈높이 강의 제공

실력 향상에 집중한 적은 학습량

초보자의 학습 지구력에 맞추어 핵심만 도출
타사 대비 3배 압축된 교재와 강의

기초 실력을 다지는 반복 학습법

본 강의 – 핵강의 – 실전 트레이닝 순서로 구성된 학습법을
통해 별도의 복습 없이 강의만 들어도 핵심 내용이
반복 학습되어 자연스럽게 완성되는 기초 실력

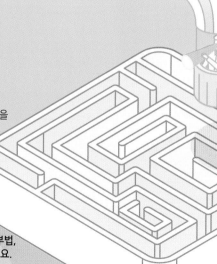

토마토 토익만이 얘기하는 기초 실력의 중요성
모두가 알고 있지만 조급한 마음에 넘어갔던 정석의 공부법,
지금 바로 검색창에 [토마토 토익] 검색하고 확인해보세요.

검색창에서 ┃ 토마토 토익 ▼ ┃ 을 검색하세요.

NE 능률

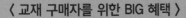